당신의 가능성에 대하여

THE ART OF POSSIBILITY

by Rosamund Stone Zander and Benjamin Zander

All rights reserved.
This Korean edition was published by Page2books in 2025 by arrangement with Harvard Business Review Press through KCC(Korea Copyright Center Inc.), Seoul.
Unauthorized duplication or distribution of this work constitutes copyright infringement.

이 책은 (주)한국저작권센터(KCC)를 통한 저작권자와의 독점계약으로
(주)페이지2북스에서 출간되었습니다.
저작권법에 의해 한국 내에서 보호를 받는 저작물이므로
무단 전재와 복제를 금합니다.

The Art of Possibility

당신의 가능성에 대하여

인생의 위기와 기회를 바라보는 12가지 창조적 사고법

벤저민 잰더, 로저먼드 잰더 지음

P page2

나는 가능성 안에서 산다
이는 산문보다 더 아름다운 집이자
더 많은 창과
더 훌륭한 문을 갖춘 집

삼나무 같은 방은
눈으로 꿰뚫을 수 없을 만큼 견고하고,
영원한 지붕으로는
하늘의 박공지붕

이곳을 찾는 이들은 가장 아름다우며
나의 일은 바로 이것
작은 두 손을 넓게 펴
천국을 거두는 일

– 에밀리 디킨슨 Emily Dickinson

프롤로그 1

가능성으로의 초대

벤저민 : "웨이터!"

나는 힘찬 목소리로 웨이터를 불렀다.

"라이프Life는 완벽한데 나이프Knife가 없네요."

그때 나는 필하모니아 오케스트라Philharmonia Orchestra의 정기 공연을 지휘하려고 런던에 와 친구와 아침을 먹고 있었다. 깔깔 웃는 소리에 뒤를 돌아보았더니 전형적인 영국식 바가지머리를 한 열두 살쯤 되어 보이는 소녀와 눈이 마주쳤다. 나는 소녀와 눈인사를 한 뒤 친구와 다시 대화하며 아침을 먹었다.

다음 날 아침, 나는 식당에서 소녀와 다시 마주쳤다. 나는 걸음을 멈추고 소녀에게 말을 걸었다.

"안녕? 오늘 기분이 어떠니?"

소녀는 턱을 당기고 자세를 가다듬은 뒤 생기 가득한 눈으로 대답했다.

"완벽해요!"

그 후, 나는 부모와 함께 자리를 뜨던 소녀를 향해 장난스럽게 외쳤다.

"완벽한 하루 보내렴!"

"네, 당연하죠!"

소녀는 그것이 세상에서 가장 쉽고 당연한 일인 양 당당하게 대답했다.

소녀는 그렇게 가능성이라는 우주로 항해를 시작했다.

프롤로그 2

여행을 시작하며

이 책은 색다른 종류의 실용서다. 경쟁 사회에서 장애물을 헤쳐 나가는 법을 알려주는 평범한 자기 계발서와는 다르다. 우리의 목표는 고군분투하며 살아남아야 하는 세상에서 벗어나 거대한 가능성의 우주The Universe of Possibility로 나아가는 것이다. 우리는 이렇게 전제한다. 여러 상황이 우리의 삶을 가로막고 있는 듯 보이지만 이는 사실 각자가 품고 있는 생각의 틀 때문에 그렇게 보이는 것뿐이라고. 당신이 처한 환경에 다른 틀을 씌우면 새로운 길이 나타날 것이고 당신은 매일 놀라운 결과를 경험할 것이다. 각 장에는 이런 접근법과 관련된 다양한 주제를 담았고, 가능성을 부르는 연습법도 함께 수록했다.

협력

우리, 그러니까 벤저민Benjamin과 로저먼드Rosamund는 상호 촉진적이지만 각자 전혀 다른 관점에서 이 책을 썼다. 벤저민은 보스턴 필하모닉 오케스트라Boston Philharmonic Orchestra의 지휘자이자 교육자다. 또한 오케스트라와 청중을 열정적으로 이어주는 보기 드문 능력의 커뮤니케이터다. 벤저민은 무한한 에너지로 사람들이 비범한 성과를 이루도록 이끈다. 그리고 음악과 말, 행동에서도 박자를 찾아내 우리를 움직이게 한다. 변화에도 박자가 있다면 벤저민은 그 박자에 맞추어 움직일 줄 아는 사람이다. 벤저민은 우리를 돕기 위해 이야기와 유머, 음악을 이용하여 우리의 이성과 마음을 설득한다.

로저먼드는 일상과 밀접한 영역에서 활동하고 있다. 가족 치료를 전문으로 하는 상담 치료소를 운영 중이고, 여러 성취 모임을 이끌고 있다. 또한 다양한 배경의 사람과 함께 일하며 여러 문제와 갈등 해결에 앞장서고 있다. 로저먼드는 사람과 사회가 돌아가는 이야기에 관심이 아주 많다. 그는 각자에게 주어진 환경과 자신을 재정의하여 더 나은 결과를 끌어내는 데 소질이 있다. 새로운 것을 향한 사람들의 욕구나 아직 오지 않은 현실을 향한 열망에 귀를 기울이고, 이를 실현할 수 있는 틀을 창조하도록 돕는다. 또한 풍경 화가와 작가의 관점에서도 가능성의 기술들을 제공한다. 많은 사람의 이야기를 예시로 들려주며 각 문제를 해결할 새로운 틀을 제시한다.

  벤저민과 로저먼드는 한 팀이다. 벤저민은 공인이기 때문에 새로운 종류의 리더십과 개념적 틀이 필요한 상황을 자주 마주한다. 벤저민이 여러 분야에 적용할 만한 질문을 로저먼드에게 던지면 로저먼드는 그것에 접근하는 법을 제시한다. 그러면 벤저민은 이 방법을 자신의 무대에 가져가 실험해 본다. 그렇기 때문에 벤저민과 로저먼드는 늘 활기와 감동이 넘치는 협력 관계를 유지한다. 그리고 사람들이 자신의 생각보다 훨씬 커다란 가능성을 펼칠 수 있다고 확신한다.

설계

  하버드 비즈니스 스쿨 출판사Harvard Business School Press로부터 일반 대중뿐 아니라 비즈니스 전문가를 대상으로 하는 책을 써달라는 제안을 받았다. 예술계 종사자들에는 잘 주어지지 않는 기회다. 역사적으로 많은 예술가가 주요 기관에 고용되어 기존의 보편적 신념들에 감정적으로 진정성을 불어넣는 일을 해왔다. 하지만 요즘과 같은 글로벌 시대에 보편적인 가치와 방향을 창조해 낼 수 있는 기관은 없다. 자유 사회에서 시장은 정부와 종교 기관을 빠르게 대체하고 있으며 동시에 가장 높은 권위를 지닌 감독관 노릇을 한다. 시장은 진정한 가치를 배제하고 돌아가고, 인간의 언어로 대화하지 않는다. 이런 자본주의 시장에서 예술은 새로운 지평을 열어줄 수 있다. 사람들은 예술을 통해 자본의 흐름을 인식하고, 서로를 활발하게 연결하며, 창조와 실천을 위한 새로운 문을 열 수 있다.

세계의 운영 구조가 혁명적으로 변하면서 우리는 우리가 누구인지는 물론, 존재의 목적마저 재정의해야 하는 상황을 마주했다. 서로 멀리 떨어져 있지만 세계인의 삶에 직접적인 영향을 미치는 요인들, 이를테면 유럽에서 실시된 투표, 도쿄에서 이루어진 재정 정책, 혹은 비정상적으로 따뜻해진 남태평양 해류와 같은 외적인 요인들 때문에 우리는 독자적으로 살아갈 수 있는 존재인지 늘 의문을 품는다. 과거의 사고방식으로 우리 자신을 정의하면 더는 새로운 방향을 찾을 수 없다. 우리는 이 책에서 자신과 세상을 새롭게 정의할 방법을 제시한다. 그리고 이 방법들은 이 시대의 도전 과제를 해결하는 데도 적합하리라 생각한다. 음악이라는 은유를 이용했고, 예술을 중심에 두었다. 결국 예술이란 우리를 재구성하고, 뜻밖의 조합을 발견하게 하며, 새로운 감정을 일깨우고, 지금 이 순간에 존재함을 강렬하게 느끼게 한다. 그렇게 예술은 우리를 영원을 향해 나아가게 한다.

비전

이 책은 한 곡의 음악처럼 하나의 긴 선율을 가지고 있다. 각 장은 그 중심 선율을 바탕으로 한 하나의 변주곡이고, 책 전체에서는 개인과 집단 사이의 일상 속 갈등이 조화롭게 해소되는 세계를 그린다. 이러한 비전 속에서 개인의 고유한 표현은 공동체의 방향을 정하는 데 핵심적인 역할을 하며, 나아가 인류 전체가 나아갈 길을 밝혀줄 것이다.

책을 따라가다 보면 우리에게 무엇이 최선이며, 다음 단계를 볼 수 있는 가능성을 만나게 된다. 각 장에서는 비전을 실현하기 위한 별도의 실천법을 제공한다. 각 실천법은 개인에게 진화할 기회를 제공하며, 이는 독자의 삶뿐 아니라 독자들이 참여하는 조직과 인간관계도 발전시키리라고 약속한다. 또한 기업 경영과 결혼, 외교, 가족 간의 분쟁에도 적용해 볼 수 있다.

실천

사회 및 비즈니스에서 행하는 관행은 특정 가정을 전제로 한다. 오랜 신념과 환경에서 발전한 상호 합의를 바탕으로 만들어진다는 것. 하지만 환경이 변해도 이런 관행이 오랫동안 거듭되면 낡은 신념은 더욱 확고해진다. 관행이 변화를 따라가지 못한다는 사실을 알아도 우리는 그것을 늘 옳은 것 혹은 진리로 받아들인다. 바로 이런 방식으로 비즈니스 문화가 생겨나고, 유용성이 퇴색되어도 유지된다.

이 책은 이런 관행들을 바꿀 방법을 제공한다. 일반적으로는 이 방법들이 비논리적이거나 비직관적으로 보일지도 모른다. 하지만 우리의 목적은 현 상황에 맞는 새로운 접근법을 제공하는 것이다. 이를 위해 세상의 본성에 관한 흔하지 않은 생각의 틀을 이용할 것이다. 인터넷과 과학 패러다임의 변화, 새로운 종교의 전파와 같은 역사로 알 수 있는 게 있다. 변화는 새로운 주장이 아니라 능동적이고 지속적인 실천을 통해 일어난다는 것. 말이 아니라 실천이 현실을 바꾼다.

이 책은 기존 신념에 기반한 사소한 변화나 자기 개선 방법론을 말하지 않는다. 우리는 태도와 인식, 신념, 사고 과정의 완전한 변화를 목표로 한다. 이는 당신의 세상 전체를 바꿀 것이다.

참고 사항

벤저민: 우리가 이 책에서 제시하는 연습법은 간단하지만 쉽지는 않다. 경험담을 이야기하자면 어린 시절, 나는 첼로 선생님

에게서 레슨을 받고 있었다. 선생님은 당시 83세였고 나는 열한 살이었다. 나는 한 악절을 연주하려고 노력했지만 마음대로 되지 않았다. 다시 시도했지만 역시나 마찬가지였다. 세 번째로 도전했을 때도 성공할 수 없었다. 나는 좌절감에 얼굴을 찡그리며 활을 놓았다. 선생님은 상체를 굽히고 작은 소리로 말했다.

"이제 고작 3분 연습했잖니. 벌써 못 하겠다는 거야?"

우리가 할 연습들은 3분보다 훨씬 오래 걸릴 것이다. 그리고 연습을 하다 보면 이제껏 당신이 보고 느끼고 생각했던 모든 것이 반발하기 시작할 것이다. 그러니 이 책의 내용을 당신의 것으로 만들고 싶다면 전적으로 믿고, 시간을 들이고, 연습해야 한다.

로저먼드: 12년 전 여름, 나는 난생처음 급류 래프팅 여행을 떠났다. 출발 지점에 가기 위해 버스를 타고 구불구불한 도로를 올라가는 동안, 나는 가이드의 기본 교육에 집중하고 있었다.

"만약 보트에서 떨어지면 밑에 있는 바위틈에 끼이지 않도록 발을 들어 올려야 해요. 이게 매우 중요합니다. 발을 코까지. 기억하세요."

그는 이렇게 강조하면서 한쪽 발을 코 쪽으로 들어 올려 보였다.

"그러고 나서 보트의 위치를 파악하고, 밧줄이나 노를 붙잡으세요."

버스가 강 쪽으로 가는 동안 가이드는 계속 말했다. 우리는 새벽 4시부터 차를 타고 있었던지라 졸음이 쏟아졌고, 버스가 계속 진동하는 바람에 혼이 쏙 빠져 있었다. "발을 코까지"라는 말을 또 들었다. 가이드는 "보트의 위치를 파악하세요"라고 반복해서 말했다.

강변에 도착했을 때, 가이드로부터 두 문장을 너무 많이 들어서 살짝 짜증이 났다. 우리는 잠수복으로 갈아입은 후 장비를 들고 마지막 지시 사항을 듣기 위해 둥그렇게 섰다.

"보트 밖으로 떨어지면 제일 먼저 무엇을 해야 하나요?"

"발을 코까지. 보트를 찾아라."

우리는 이구동성으로 말했다.

보트에 올라타서 하류를 따라 내려가기 시작하니 여기에서는 누구든 정신적으로 힘들 거라는 생각이 들었다. 래프팅 여정 중 유일한 5등급 급류에 진입했을 때, 나는 블랙홀에 빠진 사람처럼 거대한 물의 벽 속으로 사라졌다. 나는 이리저리 허둥댔다. 물속은 위도 아래도 없었고, 심지어 물도 공기도 땅도, 애초에 보트 같은 것도 없었던 것 같았다. 정말이지 아무것도 없었다.

'발을 코까지……'

아무것도 없는 허공 속에서 그 말이 떠올랐다. 나는 온 힘을 모아 몸을 둥글게 만들었다. 공기. 소리.

'보트를 찾아라.'

내 머릿속에서 나오는 말인가? 다른 사람이 외친 소리인가?

그때 보트가 등장했고 노도 덩달아 나타났다. 나는 노를 잡으려고 손을 뻗었다. 노를 잡으니 내가 이미 보트 위에 있고, 거품을 내뿜는 강을 따라 내려가고 있다는 사실을 깨달았다. 나는 이 경험을 한 후로 '보트 밖'이라는 말을 비유 삼아 다른 상황에 적용한다.

'보트 밖'은 단순히 선로에서 벗어났다는 뜻이 아니다. 아예 길을 찾을 수 없다는 뜻이다. 이제껏 연습해 왔던 모든 것을 잊어버리는 상황을 뜻할 수도 있고, 대대적인 경영 개혁 앞에서 어찌할 바를 모르는 상황을 가리킬 수도 있다. 보트 밖에서는 다시 돌아갈 방법을 떠올리지 못한다. 참고할 만한 기준점도 잃어버린다. 따라서 '발을 코까지'와 같은 문구를 미리 정해놓고 떠올려야 한다.

당신은 각 장에서 '모든 것은 만들어졌다'나 'A 학점 주기', '규칙 제6조'와 같은 문구를 마주할 것이다. 이해를 돕기 위해 수록한 이야기와 우화, 편지 등을 읽어나가다 보면 이 문구를 더 잘 떠올릴 수 있을 것이다. 내가 '발을 코까지'라는 말을 떠올려서 보트로 돌아갈 수 있었던 것처럼 말이다. 일단 이 말이 습관이 되면 보트 안으로 안전하게 돌아가 가능성의 우주로 향할 수 있을 것이다.

자, 이제 물 위로 나가자.

차례

프롤로그 1   가능성으로의 초대 … 6
프롤로그 2   여행을 시작하며 … 8

1장	모든 것은 만들어졌다 … 19
2장	가능성의 우주로 한 걸음 내딛기 … 33
3장	A 학점 주기 … 45
4장	기여자 되기 … 93
5장	누구나 리더가 될 수 있다 … 113
6장	규칙 제6조 … 133
7장	있는 그대로 존재하기 … 165
8장	열정에 내맡기기 … 187
9장	불붙이기 … 205
10장	게임판 되기 … 233
11장	가능성을 위한 뼈대 만들기 … 265
12장	'우리' 이야기 말하기 … 295

에필로그   '나'에서 '우리'로 … 323
감사의 말   … 326

1장

모든 것은
만들어졌다

어느 신발 공장에서 사업 확장 전망을 알아보려고 마케팅 전문가 두 명을 아프리카의 한 지역에 파견했다. 그중 한 명이 전보를 보냈다.

'절망적. 아무도 신발을 신지 않음.'

다른 한 명은 의기양양하게 이렇게 전보를 보냈다.

'찬란한 기회! 신발이 아예 없음.'

첫 번째 마케팅 전문가에게 모든 단서는 '희망 없음'을 의미한다. 반면 두 번째 전문가는 똑같은 조건을 '풍요'와 '가능성'으로 해석한다. 두 전문가는 각자의 관점으로 상황에 접근하여 전혀 다른 이야기를 갖고 돌아간다. 이처럼 인생에서 모든 것은 서사의 형태로 다가온다. 즉 인생은 우리가 만들어 낸 하나의 이야기인 셈이다.

이 상황의 핵심은 개인의 성격이나 태도를 넘어 더 깊은 곳에 있다. 여러 신경과학 실험에 따르면 인간은 대략 다음 순서로 세상을 받아들인다. 우선 인간의 감각은 바깥세상에 관한 정보를 선별적으로 받아들인다. 그다음, 뇌가 자체적으로 감각 모형을 구성하고, 그러고 나서야 인간은 최초로 환경을 의식적으로 경험한다. 즉 우리는 이미 그려져 있는 지도, 이미 전해진 이야기, 가설, 또는 자신만의 해석 방식으로 세상을 인식하는 것이다.

지금은 고전이 되어버렸지만 연구자들을 어안이 벙벙하게 만든 실험이 있다. 1953년에 행한 이 실험은 개구리의 눈이 다음 네 가지 유형만 인지한다고 밝혔다.[1]

- 선명한 대비를 이루는 선.

---

[1] J. Y. Lettvin, H. R. Maturana, W. S. McCulloch, and W. H. Pitts, "What the Frog's Eye Tells the Frog's Brain," *Proceedings of the IRE* 47 (1940–1951), 1959, cited by Tor Nørretranders, *The User Illusion*, trans. Jonathan Syndenham (New York: Viking Penguin, 1991), 192–193.

- 갑작스러운 빛의 변화.
- 움직이는 윤곽선.
- 작고 어두운 물체의 윤곽선.

개구리는 어미의 얼굴을 보지 못할뿐더러 일몰을 감상할 수도 없고, 색깔의 미묘한 차이를 구분할 수도 없다. 먹이를 구하거나 잡아먹히지 않기 위해 필요한 것만 볼 뿐이다. 예를 들면 맛 좋은 작은 벌레나 자기 쪽으로 접근해 오는 황새의 갑작스러운 움직임만 보는 것이다. 이처럼 개구리의 눈은 극히 제한적인 정보만 뇌에 전달한다. 내장된 인지 범주에 속한 것만 인지할 수 있다.

개구리의 눈보다 더 복잡하지만 사실 인간의 눈도 선택적이다. 우리는 모든 것을 볼 수 있다고 생각하지만 벌이 꽃의 자외선 패턴을 식별하고, 부엉이가 어둠 속에서도 볼 수 있다는 사실을 떠올려 보라. 모든 동물의 감각은 생존에 필수적인 정보를 인지하도록 정교하게 조정되어 있다. 개는 인간의 가청 범위 이상으로 소리를 듣고, 곤충은 멀리 떨어진 미래의 짝에게서 분비되는 분자 단위의 흔적까지 포착한다.

우리는 받아들이도록 프로그램화된 감각만 인지한다. 심지어 우리의 정신 속 지도와 범주에 맞는 것만 알아보기 때문에 더 제한적이다.

영국의 신경심리학자 리처드 그레고리Richard Gregory는 '감각은 세상을 직접적으로 보여주지 않는다. 대신 우리 앞에 있는 것에 관해 우리가 세운 추측이 맞는지 확인할 수 있는 단서만 제공한다'라고 말했다.[2] 또 다른 신경심리학자인 도널드 헤브Donald O. Hebb는 "현실 세계'는 하나의 관념이며, 이 사실을 인식할 때 과학적 사고의 특성 중 일부는 더욱 명료해진다'라고 적었다.[3]

알베르트 아인슈타인Albert Einstein도 1926년에 독일의 물리학자 베르너 하이젠베르크Werner Heisenberg에게 관찰할 수 있는 사실만 가지고서는 이론을 만들 수 없다고 했다. '현실에서는 정반대의 일이 벌어진다. 이론이 우리가 관찰할 수 있는 것을 결정한다'라고 말이다.

우리는 현실을 있는 그대로 보지 않는다. 의식 속 지도로 세상을 볼 뿐이다. 그렇다면 뇌는 어떤 종류의 지도를 그리는가? 정답은 진화의 법칙, 적자생존에 있다. 기본적으로 우리의 지도는 생존과 직결되어 있다. 생명을 위태롭게 만드는 위험에 관한 정보를 얻고, 적과 친구를 구별할 수 있는 능력, 식량과 자원을 구하기 위한 능력이 우선적으로 진화했다. 세상은 이 방식으로 분류되고 포장되어 우리 앞에 나타나고, 각자 속한 문화권, 교육,

---

2 Richard L. Gregory, *Eye and Brain: The Psychology of Seeing*, 4th ed. (Princeton University Press, 1990), 21–22, cited by Nørretranders, *The User Illusion*, 186.
3 D. O. Hebb, "Science and the World of Imagination," *Canadian Psychology* 16 (1975), 4–11.

개인의 경험에 의해 더욱 강화된다.

이 지도와 문화권 등이 인간의 인식에 얼마나 철저히 영향을 미치는지 보라. 에티오피아 미엔Me'en 부족을 대상으로 한 유명한 실험에서 그들은 난생처음 사람과 동물 사진을 보았다. 하지만 미엔 부족 사람들은 사진 속 이차원적 이미지를 읽지 못했다. '미엔 부족 사람들은 종이를 느끼고, 냄새를 맡고, 구기면서 종이가 내는 소리를 들었다. 조금 잘라내 씹으며 맛을 보기도 했다'라고 기록되어 있다.[4]

사진과 실제 대상은 추상적인 면에서만 유사하지만 현대인은 이 둘을 쉽게 동일시한다. 기차에서 파블로 피카소Pablo Picasso를 알아본 한 남성이 왜 '실제 생긴 대로' 그림을 그리지 않느냐고 묻자 피카소는 그게 무슨 뜻이냐고 물었다. 남자는 지갑에서 아내의 사진을 꺼내어 보여주면서 말했다.

"제 아내입니다."

피카소가 대답했다.

"부인이 좀 작고 납작하지 않나요?"[5]

미엔 부족 사람의 손에는 더없이 명백한 사진이 들려 있었지

---

4 J. B. Deregowski, "Real Space and Represented Space: Cross-Cultural Perspectives," *The Behavioral and Brain Sciences*12 (1989), 57, cited by Nørretranders, *The User Illusion*, 187.
5 Heinz R. Pagels, *The Dreams of Reason* (New York: Bantam, 1988), 163, cited by Nørretranders, *The User Illusion*, 188.

만 그들에게 사진은 존재하지 않았다. 반짝거리는 종이만 존재할 뿐이었다. 우리는 현대 사회의 관습을 통해서만 사진 속 이미지를 볼 수 있다. 하지만 피카소는 사진을 실제와 동떨어진 인공품으로 인식했다.

우리의 정신은 사건 사이의 연결 고리가 있든 없든 여러 사건을 엮어 이야기를 만들도록 설계되었다. 우리는 꿈에서 전혀 관련 없는 감각 경험을 엮어 서사를 완성한다. 반면 깨어 있을 때는 인과관계라는 논리를 이용하여 행동의 이유를 그럴듯하게 합리화해 설명한다. 그 이유가 진짜인지 아닌지는 상관없다.

좌뇌와 우뇌 사이 뇌량이 손상된 사람을 대상으로 한 여러 실험 결과에 따르면 "문을 닫아주세요"라고 우뇌에 요청하면 지시를 듣지 못한 좌뇌는 "외풍을 느껴서요"라며 자기 행동에 이유를 만들어 낸다고 한다.[6]

앞서 말한 사례들은 모두 이 장의 제목인 '모든 것은 만들어졌다'라는 문구를 설명하기 위한 것이다. 핵심은 이것이다. 어차피 모든 것은 만들어진다. 그러니 이왕이면 자신과 타인의 삶을 풍요롭게 만드는 방향으로 이야기와 의미의 틀을 만드는 게 낫지 않겠는가.

---

[6] Michael Gazzaniga, *The Social Brain* (New York: Basic Books, 1985), 70–72.

사람들은 문화적 차이와 마찬가지로 세상을 해석할 때도 사람과 집단마다 차이가 있다는 사실을 이미 알고 있다. 이 이해를 바탕으로 개인의 주관적 해석을 없애기만 하면 확고한 진리에 닿을 수 있으리라고 생각한다. 하지만 '모든 것은 만들어졌다'라는 문구는 이보다 더 근본적인 개념을 다룬다. 즉 우리는 뇌의 진화된 구조를 통해서만 세상을 인지한다는 것이다. 정신은 의미를 구성하고, 이렇게 구성된 의미가 널리 공유되고 유지될 수는 있지만 현실 세계와는 별로 상관이 없을 수 있다. 그렇다면 우리는 이 사실을 어떻게 알 수 있을까?

사람들은 과학을 '이전에 습득된 진리를 바탕으로 지식이 축적되는 과정'이라고 아주 단순하게 설명한다. 하지만 이런 과학조차 과거에 진리라고 여긴 이론의 토대를 과감하게 바꾸고, 새로운 사실에 적응하려는 인간의 능력에 따라 좌지우지된다. 예를 들어 아이작 뉴턴Isaac Newton의 세상에서 우리는 직선 운동만 관찰했다. 아인슈타인의 우주에서는 굽어진 공간과 시간, 상대성을 알게 되었다. 물론 뉴턴식 관점은 여전히 유효하지만 특정 조건 내에서만 성립한다는 사실을 이제는 안다. 이렇듯 새로운 패러다임은 우리가 이전에 볼 수 없었던 현상을 '볼' 기회를 부여했다.

지도와 틀, 패러다임이 무슨 의미인지 더 많은 통찰을 얻고 싶다면 다음의 유명한 문제를 살펴보자.

- 종이에서 펜을 떼지 말고 직선 네 줄로 점 아홉 개를 모두 이으시오.

이 문제를 처음 본다면 다음 페이지로 넘어가지 말고 일단 풀어보시라.

• • •
• • •
• • •

이 문제를 처음 본 사람은 점이 있는 공간 안에서만 문제를 해결하려 할 수도 있다. 바깥에 있는 점 여덟 개를 경계로 보면서 말이다. 이 문제는 인간 정신의 공통된 현상, 즉 대상을 인지하기 위해 데이터를 분류해서 이해하는 인류의 보편적 특성을 보여준다. 문제를 보자마자 당신의 뇌는 아홉 개의 점을 이차원의 사각형으로 분류한다. 관에 박은 못처럼 새로운 가능성을 차단해 버린다. 그렇게 바깥 점들은 꼭짓점을 형성하여 사각형을 만든다. 물론 사각형은 실제로 존재하지 않는다.

대다수는 이 문제에 다음 맥락을 추가한다.

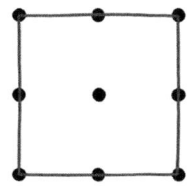

- 종이에서 펜을 떼지 말고 직선 네 줄로 점 아홉 개를 모두 이으시오. 바깥에 있는 점 여덟 개 안에서만 선을 그리시오.

이런 틀에 갇히면 문제를 절대 풀 수 없다. 하지만 원래 문제에 다음 구절을 추가한다면 새로운 가능성이 불쑥 등장할 것이다.

- 종이의 여백을 마음껏 이용하시오.

그제야 점 바깥에 있는 공간이 당신에게 손짓할 것이다. "여기요. 여기, 바깥에 선을 그으세요!"라고 말이다.

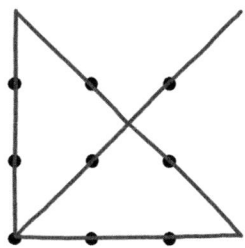

정신이 만드는 틀에 따라 우리의 인식 체계는 무엇이 가능하고 가능하지 않은지를 정한다. 모든 문제와 딜레마, 우리가 살면서 도달하는 막다른 길, 이 모든 건 특정 틀이나 관점을 벗어나야만 풀 수 있다. 사각형을 확장하거나 다른 틀을 창조해야 한다. 그러면 문제는 사라지고 새로운 기회가 등장한다.

  '모든 것은 만들어졌다'라고 불리는 이 연습은 이 책에서 가장 기본이 된다. '모든 것은 만들어졌다'를 떠올릴 때마다 모든 게 당신이 창조해 낸 이야기라는 사실을 기억해야 한다. 정말 모든 것이 만들어졌다는 사실을 기억하라. 보이지 않는 생각의 틀 속에 이야기를 쌓아 올렸다는 사실도 기억하라. 이를 구별하고 알아차리는 방법을 배우면 당신은 어떤 상자나 장벽도 무너뜨릴 수 있다.

  원하지 않는 조건을 들이대는 사각형을 무너뜨리고 꿈꾸는 대로 조건과 서사를 만들어라. 물론 뭐든 마법처럼 이룰 수 있다는 말은 아니다. 원하는 조건이 형성되도록 생각의 틀을 바꾸라는 뜻이다. 새로운 틀 안에서 새롭게 생각하고 행동하라. 그리고 무슨 일이 일어나는지 지켜보라.

연습: 모든 것은 만들어졌다

'모든 것은 만들어졌다' 연습을 해보자. 자신에게 다음과 같이 질문해 보자.

- 이 상황을 이렇게 받아들이게 만든 내 무의식적인 믿음이나 생각은 무엇일까?

질문에 답했으면 이제는 다음 질문을 던져보라.

- 새로운 선택을 가능하게 할, 내가 아직 떠올리지 못한 생각은 무엇일까?

생각의 틀을 바꾸면 다섯 줄이 아닌 네 줄의 선으로 점을 다 이을 수 있다. 이처럼 이제 당신도 당신의 공간을 창조할 수 있을 것이다.

이제 다음 연습으로 우리가 살 새로운 우주를 창조해 보자. 가능성의 우주로 넘어가 보자.

2장

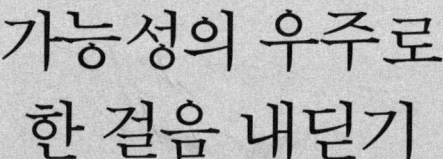

가능성의 우주로
한 걸음 내딛기

'모든 것은 만들어졌다'라는 사실을 인식하기 시작했다면 새로운 가능성이 질서가 되는 세계를 창조할 수 있다. 앞서 말한 것처럼 이제 그곳을 '가능성의 우주'라고 부르겠다. 그리고 가능성의 우주 속으로 발을 내딛는 것이 우리의 두 번째 과제다. 가능성의 우주는 앞의 한붓그리기에서처럼 우리의 일상을 현실에 묶어놓고 제한하는 경계를 넘어선다.

당신은 이렇게 물을지도 모르겠다. 경계란 대체 뭐고 일상의 현실은 또 뭐냐고.

측정의 세계

우리는 익숙한 일상을 '측정의 세계The World of Measurement'라고 부르려고 한다. 평가와 등급, 표준, 점수, 비교에 따라 이 세상의 중심이 정해진다는 사실을 강조하기 위해서다. 일상 속에서 우리는 성공을 위해 고군분투하고, 지금보다 더 나은 위치에 도달하기를 늘 갈망한다. 목표를 이루는 과정에서는 반드시 장애물을 만난다. 우리는 흔히 사람 외에도 시간, 돈, 힘, 사랑, 자원, 부족한 내면의 힘을 장애물로 여긴다.

측정의 세계에서 나타나는 모든 현상, 즉 이기고 지거나, 인정받거나 거절당하거나, 희망을 품거나 절망하거나 하는 모든 것은 우리의 의식 깊숙이 숨어 있는 단 하나의 가정 때문에 생긴다. '삶'이란 '헤쳐 나가야 하는 것', 즉 '부족함과 위험이 가득한 세상에서 생존해 내는 것'이라 가정한다. 측정의 세계에서는 한붓그리기의 사각형처럼 이 가정이 우리 행동의 배경이 된다. 비록 최고의 삶을 누리고 있을지라도 말이다. 우리가 가능성의 우주를 보지 못하는 것도 이 때문이다.

우리의 어떤 반응은 생존이 급선무인 환경에 더 적합하기도 하다. 이는 측정의 세계에서 흔히 볼 수 있는 반응이기도 하다. 측정의 세계에서 자신을 보호하기 위해서는 위험을 향한 경각심, 영리한 전략적 마인드, 아군과 적군을 평가하는 안목, 강함과

약함을 판단하는 요령, 자원을 차지하는 기술, 많이 의심하고 적당히 두려워하는 태도를 가져야 한다. 그리고 마지막으로, 개인의 관점과 일치하지 않으면 어떠한 도전이든 거부하는 것. 즉 우리의 갑옷을 훼손하지 않는 것이 상당히 중요하다. 또 측정의 세계에서는 대상을 식별하고 그 위치를 파악할 수 있어야 안전하다고 느낀다. '지뢰밭'이라는 단어가 보편적으로 위험을 비유하는 말이 된 것만 봐도 그렇다. 현실은 고정된 것이고 사람과 생각, 상황을 완전히 파악할 수 있어야, 즉 대상을 측정 가능한 것으로 취급해야 우리는 안전하다고 느낀다.

우리는 측정의 세계에서 성장했고, 이 세계에서 상대를 측정하며, 비교·대조하며 알게 된다. 한 아이를 알기 위해 다른 아이와 비교하고, 평범한 테너의 공연을 성악가 루치아노 파바로티$^{Luciano\ Pavarotti}$가 부른 아리아와 비교하면서 관람한다. 회사는 사전에 작성한 예상 목표치와 비교해 연말 결산서를 판단한다. 상황을 더 잘 평가하고, 판단하고, 보고하기 위해서 개인은 한 발짝 물러서고 자신, 더 나아가 자신이 속한 집단을 타인과 구분하는 것이다. 이런 독선적인 '마음속 작은 목소리'는 항상 측정 중심적 사고에서 흘러나온다.

측정의 세계 속에서 삶은 계급에 따라 나뉜 것처럼 보인다. 특정 집단이나 사람, 신체, 장소, 생각은 다른 집단의 것에 비해 훨씬 나아 보이기까지 한다. 이 세계에서는 안과 밖을 구분하고 사람들은 더 안전하고 바람직해 보이는 사람과 인종, 단체에 속하려 한다. 한마디로 우리는 한정된 파이를 너무 많은 조각으로 나누는 세계에서 살고 있다.

이 성공과 실패의 세계에서 '극적인 상황'이라는 것은 '역경을 극복하고 성공하는 상황'이나 '누군가에게 인정받고 소속되는 상황'이다. 사실상 거의 모든 아동서와 텔레비전 프로그램은 이 패턴을 따른다. 경쟁이 성공의 원동력이 되고, 스포츠나 전쟁에 등장하는 경쟁은 거의 모든 상황에서 비유 요소로 활용된다. 친구와 나누는 대화에서도 마찬가지다. 무엇을 시도해 보았고, 무엇에 승리했는지 무용담을 나열하는 식으로 대화한다.

측정의 세계에서는 운이 좋고 나쁨에 따라 감정도 변한다. 감정은 운의 기복을 그대로 반영한다. 실패할 때는 두려움과 분노 및 절망감을 표출하고, 최고의 자리에 올랐을 때는 희열을 느낀다. 내 것은 사랑하고 나보다 약한 사람은 동정한다.

한붓그리기 문제에서처럼 사실상 거의 모든 사람이 '점 안에서만 선을 그으시오'라는 보이지 않는 전제를 문제에 넣는다. 부유한 사람이든 가난한 사람이든 생존하기 위해 고군분투하며 한정된 자원으로 다른 사람을 앞질러야 한다는 보이지 않는 전제에 사로잡혀 하루를 시작한다. 여기, 바깥에도 선을 그을 수 있는데 말이다.

가능성의 우주

　가능성의 우주가 측정의 세계를 포함한 모든 세계를 초월해 뻗어간다고 가정해 보자. 무한의 세계, 창조의 세계, 풍요의 세계를 모두 포함해서 말이다. 매일 찾아오는 생존 걱정에서 벗어나 뭔가가 부족하다는 생각에서 자유로워지면 위대한 가능성의 우주에 두 팔을 활짝 벌린 채 서 있을 수 있다. 무엇이든 될 수 있다고 상상하면서 말이다.

　가능성의 우주에서 우리는 지식을 창조한다. 가능성의 우주에서 우리가 어린아이의 본질을 '기쁨'이라 정의하면 실제로 아이는 기쁨 그 자체가 된다. 우리가 운영하는 작은 회사에 '무엇이든 할 수 있는 회사'라는 수식어를 달면 그것은 현실이 된다. 우리는 언어가 범주를 만들고, 그것이 곧 새로운 세계를 열어준다는 사실을 인식하며 말한다. 가능성의 우주에서 삶은 다양체이자 일정한 패턴을 가지고 있으며, 유동적이고, 매 순간 우리를 초대하여 참여하게 만든다. 이곳에서 파이는 엄청나게 크며, 한 조각을 잘라내면 그 파이는 다시 한 판의 파이가 된다.

　가능성의 우주에서 '행동'이란 '무언가가 끊임없이 생성되거나 뭔가를 나누어 주는 행위'로 볼 수 있다. 이 말은 새롭게 삶을 창조하고, 아이디어를 끊임없이 생성하며, 의식적으로 의미를 부여하고, 무언가에 기여하며, 전체 흐름에 자신을 내맡기는 것까지 모두 포함한다. 가능성의 우주에서는 사람과 물건 자체보다는 사람과 환경의 관계가 더 중요하다. 주로 영성의 영역에만 속한다고 여겨진 감정이 이곳에서는 흘러넘친다. 기쁨, 은혜, 경외, 열정, 연민 등 다양한 형태로 풍부하게 표현된다.

모든 사람에게는 생존을 넘어 세상과 하나가 되는 경험을 하는 순간이 있다. 예를 들어 손자를 처음 만난 날, 올림픽 기록이 갱신되는 순간, 평범한 시민의 용기 있는 행동을 목격한 날과 같은 특별한 순간 말이다. 베를린 장벽Berlin Wall이 무너지던 때, 넬슨 만델라Nelson Mandela가 27년간의 투옥 생활을 마치고 모습을 드러낸 때도 바로 그런 순간이었을 것이다. 어떤 사람은 가능성의 우주를 종교 모임에서 발견하기도 하고, 어떤 이는 명상에서, 또 어떤 이는 위대한 음악을 들으면서 발견한다. 자연의 아름다움이나 무한 광도로 펼쳐진 별 앞에서, 광활한 바다와 우뚝 솟아 있는 하늘을 보며 이런 상태에 도달하기도 한다. 이런 순간에 우리는 자신을 잊은 채 전체의 한 부분이 되는 것을 느낀다.

현실 속 가능성의 우주

이 장에서 우리가 삶을 너무 단순하게, 이분법적으로 구분한 것처럼 보일지도 모르겠다. 하지만 전혀 그렇지 않다. 우리는 '전체'의 관점에서 이야기하고 있다. 전반적으로 보았을 때 새로운 고객이 세상에 늘 있다고 믿는 사람이 사업을 더 확장하고 삶의 만족도도 더 높다. 또 목표나 프로젝트에 즐거운 마음으로 임하고 결과에 연연하지 말아야 성공할 가능성이 높아진다. 주위에 사람이 모이기 때문이다. 전반적으로 더 관대하고 폭이 넓은 사람에게 더 크고 풍부한 자원이 몰리는 법이다.

물론 예외도 있을 수 있다. 하지만 당신이 부족함이 아니라 풍족함에 주파수를 맞추면 모든 것을 통제하려는 욕심을 내려놓고 더 과감하게 도전할 수 있다. 더 큰 꿈을 추구하다 보면 당장의 이득을 포기해야 할 때도 있겠지만, 결과를 예측할 수는 없어도 장기적인 안목을 가지게 된다. 측정의 세계에서는 목표를 먼저 설정하고 그것을 이루기 위해 노력한다. 반면 가능성의 우주에서는 배경을 먼저 설정하고 그 위에 삶을 펼쳐놓는다.

'생존'과 '생존 지향 사고'

많은 사람이 매일같이 위험천만한 삶을 살아간다. 살아내기 위해 집중할 수밖에 없고 실제로 그렇게 산다. 길을 잃었거나 바다에 표류했을 때는 누구든 그럴 수밖에 없을 것이다. 하지만 이는 생존 지향 사고Survival-Thinking와는 다르다. 생존 지향 사고는 무차별하고 지속적인 하나의 태도로 오직 삶이 위험하다고 전제한다. 따라서 온 에너지를 쏟아부어 1등이 되려고만 한다.

마찬가지로 진짜 결핍과 결핍 지향 사고Scarcity-Thinking도 다르다. 세계에는 진짜로 자원이 부족한 곳이 있다. 그곳 사람들은 기본적인 욕구를 충족하지 못한 채 살아간다. 하지만 결핍 지향 사고는 가난한 사람뿐 아니라 부유한 사람들 사이에도 널리 퍼져 있는 일종의 태도다. 따라서 환경이 변해도 잘 바뀌지 않는다. 영국의 경제학자 토머스 맬서스Thomas Malthus가 1798년 그의 저서 『인구론An Essay on the Principle of Population』에서 언급한 대로 결핍 지향 사고는 운명론적 관점을 취한다. 맬서스는 '공급은 한정되어 있기 때문에 자원은 결국 고갈될 것'이라고 주장했다. 결핍 지향 사고는 내가 얼마나 많이 소유하고 있든 더 많이 소유하라고 부추기고, 아주 조금 소유한 사람마저도 경쟁자로 취급하라고 한다.

누군가가 자원 축적에 미친 듯이 집착하면 다른 이는 충분히 가질 수 없게 된다는 점에서 결핍 지향 사고와 진짜 결핍은 서로 연관되어 있다. 모두의 기본 욕구를 충족해 주어야 하는 세계에서 자원에의 집중은 또 다른 빈곤을 낳는다. 또 지구가 자원을 생성하는 속도보다 더 빠르게 무차별적으로 소비한다면 다음 세대에 돌아가는 자원이 줄어든다는 점에서 결핍과 결핍 지향 사고는 연관되어 있다.

그곳에 발을 내딛는 방법

이제 우리는 제일 중요한 단계에 도달했다. 가능성의 우주로 들어가기 위해 무엇을 연습해야 하는가? 바로 측정의 세계를 만들어 내는 생각의 틀을 발견해야 한다. 한붓그리기 문제에서의 만들어진 사각형처럼 이 생각의 틀이 당신의 삶을 얼마나 철저하게 지배하는지를 깨달은 순간, 우리는 비로소 가능성의 우주로 들어갈 수 있다. 자, 먼저 자신에게 질문하라.

- 지금 이 순간, 내 생각과 행동은 측정의 세계를 어떻게 반영하고 있는가?

생존과 결핍, 비교와 경쟁, 애정과 불안을 반영한 내 생각과 행동을 찾아보라. 위의 질문에서 '측정의 세계를 반영하고 있는가?'라고 묻지 않고 '어떻게'라는 의문사를 사용했다는 점에 주목하라. 전자의 질문은 평가하는 질문이다. 이렇게 질문하면 자신은 그러지 않는다고 쉽게 주장할 수 있다. 또 자신은 어떤 가정에도 지배받지 않는다고 단정하기 쉬워진다. 이 대답은 측정의 세계가 작동하고 있다는 사실을 보여주는 또 다른 예다.

이제 자신의 생각이 측정의 세계를 반영한다는 사실을 알아차렸다면 다음 질문을 하라.

- 지금 이 새로운 순간에, 내 생각과 행동은 측정의 세계를 어떻게 반영하고 있는가?
- 지금은 어떤가?

계속 질문을 하다 보면 생각의 틀을 벗어나기가 얼마나 어려운지 깨닫게 될 것이다. 그리고 그 가정에 따라 모든 삶이 형성된다는 사실을 알면 당신은 웃음을 터뜨릴지도 모른다. 누군가가 "오늘 어때요 How are you?"라고 물어보면 당신 자신을 평가하는 일이 얼마나 소용없는 짓인지, 삶을 고난과 짐으로 표현하는 자체가 얼마나 터무니없는 일인지 알게 될 것이다. 그리고 당신이 미처 깨닫기도 전에 "완벽해요"라는 말이 튀어나올지도 모르겠다. 당신이 이 상황에서 그저 미소를 짓고 있다면, 좋은 신호다. 곧 가능성의 우주에 한 발 들어서게 될 것이기 때문이다.

물론 아직 그곳에 도착하지는 않았다.

3장

A 학점 주기

서던캘리포니아 대학교University of Southern California에서는 매년 재학생 2만 7,000명 중 우수한 학생 50명을 뽑아 리더십 과정을 진행한다. 평가 담당자는 학기 말에 50명의 학생에게 각각 A 학점, B 학점, C 학점을 주어야 한다. 이 수업을 듣는 학생들의 결과물은 전교생의 결과물보다 훨씬 뛰어난데도 이들은 예외 없이 일정한 비율로 학점을 받는다. 누구보다 성실한 학생이 C 학점을 받아 사기가 저하되는 장면을 상상해 보라.

이런 상황뿐 아니라 대부분의 경우 학점은 성과 자체를 알려주지 않는다. 어떤 학생이 수학 개념을 잘 이해하지 못해서 잘못된 방식으로 문제에 접근했다고 가정해 보자. 교수는 이 학생에게 부족한 점이 있다는 사실을 알려주려고 B+를 준다. 하지만 이

지표로는 학생이 수학 개념을 통달했는지 아닌지 알 수 없다. B+는 다른 학생과 비교한 성적일 뿐이다. 우리 대부분은 성적의 주목적이 학생들을 서로 비교하는 것이라는 사실을 익히 알고 있다. 또 경쟁이 친구 관계에 긴장감을 유발하고 많은 학생을 고립시킨다는 사실도 잘 알고 있다.

사람들은 "아름다운 형상은 처음부터 돌 속에 있었다. 나는 단지 불필요한 부분을 깎아냈을 뿐이다"라는 부오나로티 미켈란젤로Buonarroti Michelangelo의 말을 자주 인용한다. 이 개념을 교육에 적용하면 아이들을 비교하는 것은 헛된 일이다. 미켈란젤로의 말에 따르면 교육의 목표는 기술을 익히고, 숙달하며, 자신을 표현하는 데 방해가 되는 모든 것을 없애는 것이어야 한다. 마치 돌을 쪼아내듯 말이다.

우리는 이 연습을 'A 학점 주기'라고 부른다. 이 방법은 다른 사람뿐 아니라 당신의 변화를 보장하는 유쾌한 접근법이다. A 학점 주기를 통해 태도가 바뀌면 생각과 감정을 자유롭게 말할 수 있다. 동시에 타인의 꿈도 지지하는 사람이 된다. A 학점 주기 연습은 측정의 세계에서 가능성의 우주로 관계를 이동시킨다. 누구나 A 학점을 받을 수 있다. 식당 종업원, 직장 상사, 시어머니나 장모님, 상대편 선수, 길 위의 운전자도 말이다. A 학점 주기는 비교하고 측정하는 위치에서가 아니라, 존중하는 위치에서 상대를 본다. 그리하여 상대에게 자신을 돌아볼 여지를 준다. 즉

A 학점 주기는 거칠거칠한 돌 속에 묻혀 있는 상대의 아름다운 형상을 바라보는 것이다.

A라는 점수는 우리가 맞춰야 하는 기대나 기준이 아니다. 삶 속에서 펼쳐나가야 할 가능성을 표현하는 점수다.

밝은 미래

벤저민: 9월의 금요일 오후, 뉴잉글랜드 음악원New England Conservatory 첫 수업 시간에 총 서른 명의 대학원생이 모였다. 악기 연주자와 성악가로 이루어진 학생들은 두 학기 동안 음악 공연 기술을 탐구할 예정이었다. 수업에는 위대한 음악을 연주하는 데 방해가 되는 심리적, 감정적 요인을 탐구하는 시간도 포함되어 있었다. 나는 그들에게 수업에 빠지지 않고 배운 것을 적용하려 노력한다면 음악은 물론 인생에서 큰 돌파구를 마련할 수 있을 거라고 약속했다.

그럼에도 불구하고 25년 동안 학생을 가르치면서 나는 늘 같은 장벽에 부딪히곤 했다. 학생들은 수업 때마다 자신들이 평가를 받는다는 생각에 불안해했다. 그래서 연주할 때 위험을 감수하려 하지 않았다. 어느 날 저녁, 나는 로저먼드와 앉아서 어떻게 하면 학생들이 실패의 두려움에서 벗어날 수 있을지를 이야기했다.

아예 모든 학생에게 A 학점을 주고 학기를 시작하면 어떨까?

로저먼드와 나는 음악원이 허락한다 해도 학생들에게 성적을 아예 주지 않는다면 문제가 복잡해질 거라고 생각했다. 학생들은 자신이 빛날 수 있는 기회를 놓쳤다고 생각할 것 같았다. 평가에서 완전히 자유로울 수는 없었다. 그래서 우리는 학생들이 불안하지 않도록 등급을 통일하는 방법을 생각해 냈다. 측정하기 위한 도구가 아닌 가능성의 문을 열어주기 위한 도구로써 모두에게 동일한 성적을 주기로 한 것이다.

"이 수업을 듣는 여러분은 모두 A 학점을 받을 겁니다."

나는 이렇게 말했다.

"하지만 A 학점을 받기 위해서 반드시 해야 할 일이 있습니다. 2주 동안 저에게 편지를 쓰세요. 보내는 날짜는 내년 5월로 하고 '교수님께, 제가 A 학점을 받은 이유는……'이라고 시작해야 합니다. 그리고 이 특별한 점수를 받은 후 일어날 일을 최대한 자세하게 쓰면 됩니다."

나는 미래에서 과거를 돌아보는 형식으로 여러분이 1년 동안 얻게 될 통찰과 굵직한 사건을 편지에 적어달라고 했다. 마치 모든 것을 이미 일어난 것처럼 쓰라고 말이다. 문장은 모두 과거 시제로 써야 하고 '하기를 바랍니다'나 '제가 하려는 것은', '할 것입니다'와 같은 문장은 쓰지 말라고 했다. 원한다면 특정 목표에 도달했다거나 경쟁에서 이겼다고 쓸 수는 있다. 하지만 나는 덧붙였다.

"저는 내년 5월에 여러분이 어떤 사람이 되었는지에 더 관심이 많습니다. 그 사람의 태도와 감정, 세계관에 특히 관심이 있습니다. 그 사람은 자신이 원하는 모든 것을 이루었거나 되고 싶은 모든 것을 이룬 사람입니다."

그리고 편지에 묘사된 그 사람과 열렬히 사랑에 빠질 것을 주문했다.

다음은 어느 젊은 트롬본 연주자의 편지다.

교수님께

오늘, 세계가 저를 알아보았습니다. 연주회에서 저를 위해 새롭게 작곡된 음악을 연주하는 동안 이제껏 보여주지 못했던, 제 안에서 숨죽인 채 꿈틀거리던 강렬한 감정과 에너지가 분출되었습니다. 연주를 막 마쳤을 때 사람들은 미동조차 하지 않았습니다. 짧은 정적 끝에 탄식이 여기저기서 터져 나왔고, 우렁찬 갈채 소리는 고동치는 심장 소리를 묻어버릴 정도였습니다.

정확히 기억나지는 않지만 인사를 했던 것 같습니다. 계속된 박수 소리에 무사히 데뷔한 것 같아 스스로 축하해 주었습니다.

스스로 만든 가면 뒤에

숨어 있던 나.

오늘 그 가면을 벗은 나를 축하한다.

앙코르 무대에 올라

즉흥 멜로디에 몸을 맡겼다.

무반주로.

그다음은 기억이 흐릿하다.

기술, 허세, 전통, 훈련, 역사 따위는 잊고,

사실 관중까지도 잊은 채 연주에 빠졌다.

트롬본에서 흘러나온 소리는

나의 진짜 목소리였다.

웃고 미소를 지었다.

일그러진 얼굴로 흐느끼던

나팔 부는 영혼이

노래를 하고 있었다.

5월 15일 목요일 밤,

터커 둘린 Tucker Dulin

진심으로 과제에 참여한 한국인 플루트 연주자도 있다. 측정과 경쟁이 난무하는 문화를 지적하는 동시에 편지의 의도를 유쾌하게 잘 표현했다.

친애하는 잰더 Zander 교수님께

제가 A 학점을 받은 이유는 열심히 노력하며 저 자신에 관해 골똘히 고민해 보았기 때문입니다. 결과는 놀라웠습니다. 저는 새로운 사람이 되었습니다. 예전의 저는 모든 것을 시도조차 해보기 전에 부정적으로 생각하던 사람이었습니다. 지금은 이전보다 훨씬 행복해졌습니다. 저는 1년 전까지만 해도 실수를 용납하지 못했어요. 실수를 저지른 후에는 항상 자책했습니다. 하지만 지금은 실수를, 실수에서 배우는 것을 즐깁니다. 제 연주는 예전보다 더 깊어졌습니다. 전에는 악보대로만 연주했다면 지금은 모든 곡에서 진짜 의미를 발견하고 더 많은 상상력을 동원해 연주할 수 있습니다. 또 저의 가치를 발견했습니다. 나 자신이 정말로 특별한 사람이라는 사실을 깨달았습니다. 나를 믿는다면 무엇이든 할 수 있다는 점을 알게 되었으니까요. 모든 가르침과 수업에 감사드립니다. 교수님의 가르침 덕에 제가 얼마나 중요한 사람인지, 왜 연주를 해야 하는지 분명하게 깨달았습니다. 감사합니다.

5월에, 진심을 담아,

에스터 리 Esther Lee

이 편지에서 젊은 연주자는 자신이 되고 싶어 하는 모습에 집중한다. 실패를 속삭이던 목소리를 잠재우고 미켈란젤로의 대리석 안에 숨어 있던 아름다운 형상처럼 자신을 드러냈다. 내가 금요일 오후마다 가르쳤던 사람은 이 편지에 묘사된 인물이었다. 이 학생은 자신의 진짜 모습을 드러냈을 뿐 아니라 자기표현을 가로막고 있던 껍질의 정체를 확인했다. 이 수업의 우선 과제는 자신을 감싸고 있던 껍질을 쪼아내는 일이었다. 즉 세상에 드러난 모습과 진짜 자신의 모습 사이에 있던 쓸데없는 장애물을 제거하는 것이었다.

잰더 교수님께

제가 A 학점을 받은 이유는 용기를 내어 두려움을 살펴보았기 때문입니다. 그리고 이제는 제 인생에 두려움이 설 자리가 없다는 사실을 깨달았습니다. 이제는 누군가에게 실수를 들킬까 봐 두려워하지 않습니다. 저는 소심함과 자기 불신에서 벗어났습니다. 다른 사람의 눈에 비치는 모습대로 내가 존재한다는 생각, 따라서 타인을 기쁘게 해주어야 한다는 생각에서 벗어났습니다. 내가 자신의 주인이 되었을 때만 노력에 걸맞은 성취를 얻을 수 있다는 점도 깨달았습니다. 그리고 지금, 저는 저의 주인이 되었습니다. 제 안에서 다른 사람에게 음악을 전하고 싶은 욕구를 발견했습니다. 제가 가진 걱정보다 훨씬 큰 욕구를요. 저는 그저 그런 사람이 되는 것에서 벗어나 나의 음악으로 세상을 바꿀 수 있다고 믿는 사람으로, 그 믿음 때문에 늘 기뻐하는 사람으로 바뀌었습니다.

5월에,

지젤 힐러 Giselle Hillyer

수업에 들어갈 때마다 최선을 다하는 것은 당연하다. 왜냐하면 별처럼 반짝이는 학생들에게 둘러싸여 오후 한나절을 보내는 것보다 기쁜 일은 없기 때문이다. 수업에 참여한 학생은 대부분 비슷한 경험을 한다. 매주 금요일 복도를 따라 교실을 향할 때, 학교를 뒤덮고 있던 불안과 낙담의 구름이 걷히는 경험을 한다고 했다.

교수님! 교수님의 수업을 들으러 갈 때면 복도에서부터 환한 빛이 새어 나옵니다. 교실에 도착할 때쯤 저는 벌써 행복에 젖어 있습니다. 그리고 신이 나서 교실에 들어갈 준비를 합니다.

카리나 Carina

음악계에서는 젊은 연주자들을 어린 시절부터 매우 세심하게 훈련한다. 어려운 기술을 숙련시키고, 바람직한 연습 습관을 들이며, 질 높은 공연을 하도록 장려한다. 훌륭한 여름 프로그램도 제공하고, 해외로 나가 다양한 문화를 경험하도록 지원한다. 이 모든 일을 마친 후에는 그들을 경쟁과 생존, 험담, 아첨이라는 엄청난 소용돌이 속으로 던져 넣는다. 이런 환경에서 위대한 작품을 연주하기를 기대한다. 음악이라는 작품은 다른 어떤 장르보다 따뜻하고, 고귀하며, 유쾌하고, 너그러우며, 경건하고, 감성과 사랑을 필요로 하는데도 말이다.

음악인은 이런 식으로 경쟁에 혈안이 되면 위험하다. 훌륭한 연주가는 반드시 위험을 감수해야 하는데 경쟁은 그런 위험을 감수하기를 꺼리게 만든다. 음악은 해석자를 통해 타인에게 전달된다. 연주 기술은 표현력에 따라 큰 차이를 보이고, 표현력은 실수를 해봐야 생긴다. 즉 실수를 해야만 무엇을 신경 써서 표현해야 하는지를 배울 수 있다. 그래서 나는 학생들이 실수를 하면 팔을 번쩍 들고 미소 지으며 "와, 정말 멋지다!"라고 말하도록 적극 훈련한다. 모든 사람에게 이 방법을 추천한다.

평소 '부정적 경험'이라고 정의하는 경험에도 이 방식을 적용할 수 있다. 연습 도중 나는 젊은 테너 한 명이 정신이 반쯤 나가 있는 걸 보았다. 그를 따로 불러 이야기를 나눠보니 여자 친구와 헤어진 후 낙심해서 어떤 일도 손에 잡히지 않는다고 말했다. 그와 상담을 하면서, 가르치는 사람으로서 내심 기뻤다. 비로소 그가 프란츠 슈베르트 Franz Schubert의 〈겨울 나그네 Die Winterreise〉를 제대로 표현할 수 있게 되었으니까. 사랑하는 사람을 잃은 비통한 심정을 제대로 표현할 수 있게 되었으니까. 지난주만 하더라도 그는 이 곡을 제대로 표현할 수 없었다. 금붕어 한 마리를 제외하고 이제껏 소중한 것을 잃어본 적이 없었기 때문이다.

나의 스승이자 위대한 첼리스트 가스파르 카사도 Gaspar Cassado는 우리에게 이렇게 말하곤 했다.

"자네들의 삶이 너무 순탄해서 안타깝군. 심장이 부서져 본 경험 없이는 이 위대한 음악을 연주할 수 없으니 말이야."

잰더 교수님께

제가 A 학점을 받은 이유는 제가 저만의 삶의 정원을 가꾸는 훌륭한 정원사가 되었기 때문입니다. 작년까지만 해도 저는 겁 많고, 비판적이며, 부정적인 데다 외로움에 목마른 사람이었습니다. 게다가 상실감에 휩싸여 아무것도 하기 싫은 상태로, 영혼도 희망도 없이 메마른 감정 속에서 끝도 없이 허우적대고 있었습니다. 하지만 이런 비참함이 오늘의 저를 만들었습니다. 이런 과거 덕분에 저는 지금 자신을 사랑하는 사람으로 다시 태어날 수 있었습니다. 지금 저는 음악과 인생, 사람과 일, 심지어는 불행까지도 사랑하게 되었습니다. 저는 장미만큼이나 잡초도 사랑합니다. 내일이 무척 기대됩니다. 현재와 노력, 그에 따르는 보상을 사랑하게 되었습니다. 이보다 더 좋을 수 있을까요?

진심을 담아,
소연 킴 Soyan Kim

인생의 비밀

A 학점 주기 실험을 한 지 몇 주가 흘렀다. 어떤 식으로든 자신을 증명해야 했던 학생들에게 A 학점을 받고 학기를 시작했을 때 기분이 어땠는지 물어보았다. 타이완 출신의 학생이 손을 들었다.

제가 타이완에 있었을 때 저는 70명 중 68등인 학생이었어요. 보스턴에서 교수님이 저에게 A 학점을 주겠다고 말씀하셨을 때 저는 매우 혼란스러웠습니다. 혼란스러운 상태로 3주를 보냈죠. 나는 68등인데 교수님이 A 학점을 주다니……. 나는 68등인데 교수님이 A 학점을 주다니……. 어느 날, 68등보다 A 학점을 받은 학생이 되는 게 훨씬 행복하다고 깨달았어요. 그래서 저는 A 학점을 받은 학생이 되기로 결정했습니다.

이 학생은 부지불식간에 인생의 비밀을 깨달았다. 모든 것은 만들어졌으며, 모든 일은 그저 게임에 불과하다는 사실을 말이다. 68등은 만들어진 것이며, A 학점도 만들어진 것이다. 그러므로 우리는 이왕이면 우리와 타인의 삶을 밝히는 쪽을 선택하는 게 낫다.

A 학점을 거저 받는 것을 불편해하는 사람이 종종 있다. 개인 간의 실력 차이를 부정하는 것처럼 보이기 때문이다. 하지만 개인의 실력을 부정하자는 것이 아니다. 악보를 볼 줄 모르는 바이올리니스트의 연주를 듣고 싶은 사람은 없을 것이다. 자격을 갖추지 않은 의사에게서 치료받고자 하는 사람도 없다. 기준이 있으면 학생이 숙달해야 하는 지식의 범위가 정해진다. 그러므로 기준은 유용하다.

A 학점을 주는 이유는 기준을 무시한 채 학생의 수행 정도를 측정하기 위해서가 아니다. A 학점을 주는 진짜 이유는 (비록 A라는 점수가 측정의 의미를 어느 정도 내포하고 있더라도) 어릴 때부터 우리의 의식에 강하게 개입한 '판단이라는 족쇄'에서 벗어나기 위해서다. A 학점을 주면 멘토와 학생 모두에게 가능성이 열린다.

이는 상사와 직원, 혹은 어떠한 인간들의 상호작용에도 적용할 수 있다.

A 학점 주기 연습은 교사가 학생의 노력을 지지하고 결과를 만들어 내도록 돕게 한다. 등급을 기준으로 학생을 줄 세우는 게 아니다. 이렇게 하면 교사와 학생, 상사와 직원은 어떤 일을 성취하기 위해 팀이 된다. 반면 기준만을 고집하면 사람들 사이에서 마찰이 발생하고, 에너지를 앗아가 생산성이 저하되며, 이는 발전에도 방해가 된다. 또 책임자조차도 기준 때문에 스스로 덫에 빠질 수 있다. 비즈니스 상황에서 다른 직원들이 책임자의 방식대로 일하지 않아 당황하는 경우가 얼마나 많은가? 이럴 때 책임자가 흔히 쓰는 방법은 명시적으로든 암묵적으로든 최후통첩을 날리는 것이다.

"올바른 방식으로 처리하세요. 바로 내 방식대로요."

이런 메시지는 혁신과 창의성을 억누를 뿐 아니라 학생과 직원이 교사와 상사를 기쁘게 하는 데에만 집중하게 만든다. 또 그 일을 얼마나 잘해내는지에만 관심을 갖게 만든다. 스타일과 흥미가 전혀 다른 학생을 향한 실망감은 멘토가 준 점수에서 여실히 드러난다. 점수는 학생이 얼마나 배웠는지 진짜 정보를 제공하지 않는다. 권위자의 시각에서 그 학생이 얼마나 부족한지만 보여줄 뿐이다.

졸업 과제

로저먼드: 고등학생 시절, 나는 졸업 과제를 하던 중 문학 선생님과 충돌했다. 당시 나는 졸업 과제로 한 학기 내내 특정 작가의 작품을 포괄적으로 연구해야 했다. 하지만 나는 마지막 순간까지 과제를 미루는 학생으로 악명이 높았고 이번 졸업 과제도 예외가 아니었다. 나는 처음에 너새니얼 호손Nathaniel Hawthorne에 관해 쓰기로 결정했다. 하지만 너새니얼 호손의 작품을 거의 다 읽은 후, 나는 마음을 바꾸었다. 과제 제출 기한이 2, 3주 남은 시점에서 토마스 하디Thomas Hardy에 관해 쓰기로 한 것이다.

강한 압박감과 동시에 행복을 느끼며 마지막 날 밤을 지새웠다. 다음 날 학교에 가서도 시간이 날 때마다 졸업반 방에 가서 열성적으로 타자를 치며 과제를 했다. 나는 마감 10분 전에 초안을 완성하여 선생님에게 제출했다. 예상대로 내 무모한 과제 구성 방식에 관해 전혀 효과도 없는 일장 연설을 들었다. 우리의 과제는 이 수업을 듣는 학생들과 전혀 관련이 없는 다른 학교 선생님이 채점하기로 되어 있었다.

2주 동안 우리 반은 전전긍긍하며 결과를 기다렸다. 마침내 과제 결과가 도착했다. 선생님은 각 학생을 격려하듯 미소를 지어 보이며 과제를 돌려주었다. 하지만 내 차례가 되었을 때, 선생님의 표정이 굳었다. 불안감이 치솟았다. 나는 잔뜩 움츠러든 채 과제 뒤쪽에 있는 평가문을 읽으려고 종이를 넘겼다. 페이지 위쪽에는 진한 연필로 'A'가 적혀 있었다. 채점자는 내가 작성한 글의 주제와 구성, 문체, 문법을 긍정적으로 평가했다.

하지만 문학 선생님은 내 과제에 전혀 다른 의견을 가지고 있었다. 짐작건대 선생님은 학생들이 정해진 속도와 양식에 맞춰 과제를 작성하는 법을 배워야 한다고 생각했던 것 같다. 선생님은 후에 이렇게 말했다.

"네가 높은 점수를 받은 것이 무척 실망스럽구나. 네가 이번 과제를 망쳐서 준비 과정이 얼마나 중요한지를 배우길 바랐어."

그때 나는 내가 아주 열정적으로 누볐던 환한 학교 운동장에서 추방되는 느낌을 받았다. 그때부터 나는 막판에야 집중하는 내 작업 방식을 두둔하기 시작했다. 급기야 그저 습관쯤으로 여겼던 내 방식에 자부심까지 느끼게 되었다.

돌이켜 생각해 보면 문학 선생님은 나를 발전시키기 위해 그런 말을 했을 거라고 확신한다. 선생님은 내가 어려움에 처했을 때 성공할 수 있는 기술을 배우지 못할까 봐 걱정했을 것이다. 그리고 내가 A 학점을 받으면 내 방식을 정당화하고, 다른 방식을 시도하지 않을 거라고 염려했던 게 분명했다. 하지만 만약 선생님이 A 학점을 받은 나를 응원했더라면 어땠을까. 그리고 나를 불러 과제 마감일이 오기 전에 개요를 짜보도록 연습을 시켰다면, 그리하여 훨씬 좋은 결과가 나타나는지 지켜보게 했더라면 어땠을까. 그랬다면 나는 기꺼이 선생님의 제안에 응했을 것이다. 선생님이 한발 물러서서 이런 긍정적이고 창의적인 방식으로 나를 대했더라면 선생님의 리더십은 인정받았을 것이다. A 학점을 받은 사람은 나지만 그 과정에서 진정으로 A 학점을 받은 사람은 선생님이었을 것이다.

가능성의 우주에서 A 학점 주기는 교사가 학생에게, 상사가 직원에게 자신을 맞추는 것을 의미한다. 교사와 상사는 목표를 달성하기 위해 노력하는 과정을 활기 넘치는 게임으로 만든다. 그리고 이 게임에서의 기준이란 두 사람이 나아갈 방향을 알려주는 표식 그 이상도 이하도 아니다. 만약 학생이 기준을 충족하면 그 팀은 그대로 가면 된다. 기준을 충족하지 못하면 "와, 정말 멋지다!"를 외치면 된다. 교사는 그 기준과 자신을 동일시하지 않으며, 학생은 게임의 결과와 자신을 동일시하지 않는다. 교사의 역할은 학생이 자신의 능력과 자기표현을 가로막고 있는 장벽을 무너뜨리도록 돕는 것이다. 따라서 A 학점을 받은 학생과 걸음을 같이하면 된다. 기준은 기준대로 유지하면서 말이다.

A 학점은 공통 목표 아래
사람들을 한데 모은다

위대한 연주를 공동의 목표로 하는 오케스트라에서도 기준은 혼란을 초래할 수 있다. 자신의 주장과 편견을 뛰어넘는 지휘자는 많지 않다. 자신이 오케스트라에 어떤 도움이 되는지, 연주자의 공연을 어떻게 저하시키는지 모르는 지휘자가 대다수다. 구체적으로 오보이스트는 솔로 파트를 연주하기 전, 그러니까 리드를 입술에 갖다 대기 바로 직전에 지휘자를 쳐다본다. 지휘자는 연주자에게 박자와 프레이징Phrasing(음악을 문장처럼 끊고 이어서 자연스럽게 연주하는 방식-옮긴이), 형태, 리듬, 색채, 곡의 성격에 관한 정보를 주며 동시에 암묵적으로 연주자에게 점수를 매긴다. 이는 다른 요소만큼이나 연주자의 연주를 결정짓는다.

타인에게 기꺼이 A 학점을 주면 파트너십, 협동에도 긍정적인 비전을 기대할 수 있다. 이는 전체를 위한 행위로 각자의 아름다운 형체를 가리고 있는 껍질을 알아차리는 것이다.

반면 비전이 부재하면 우리는 자신과 맞는 사람만 찾고 공통점이 없어 보이는 사람에게는 무관심해진다. 자신의 기준에 따라 연주자와 직원, 사랑하는 사람까지 자동으로 판단한다. 그리고 그들의 날개를 무심코 꺾어버린다. 하지만 모든 관계에서 A 학점을 주는 연습을 계속한다면 우리는 타인과 어울릴 수 있다. A 학점은 삶의 질을 높여주는 동반자 관계를 보장한다.

타니아의 보잉

벤저민: 런던에 있는 필하모니아 오케스트라와 구스타프 말러Gustav Mahler의 〈교향곡 제9번Ninth Symphony〉을 연습하던 내내 바이올리니스트인 타니아Tanya는 의욕 없이 앉아 있었다. 마지막 리허설 시간이 되어서도 타니아는 같은 모습으로 앉아 있었다. 열의에 가득 차 있는 다른 연주자들과는 눈에 띄게 대조적이었다. 타니아는 완벽에 가까울 정도로 능숙하게 곡을 연주했지만 그의 냉소적인 태도는 말러의 유언과도 같은 강렬한 곡과는 어울리지 않았다.

나는 연습이 끝나고 타니아에게 다가가 무슨 문제가 있는지 물어보았다. 타니아는 깜짝 놀랄 만한 대답을 했다.

"이 보잉Bowing(현악기 연주 시 활을 쓰는 방식 - 옮긴이)은 지휘자님의 방식인가요?"

나는 보스턴 공연 때와 같은 방식이라고 말해주었다.

"악보에 적힌 보잉대로 연주하기에는 곡이 너무 빨라요. 현을 제대로 탈 수가 없어요."

큰 소리를 내려면 활을 충분히 누르며 연주해야 하는데 그러기에는 박자가 너무 빠르다는 사실을 익히 알고 있었다. 나는 속도를 늦춰서 연주해도 괜찮겠다고 말했다.

"말도 안 됩니다. 지휘자님께서 느끼는 방식으로 지휘를 하셔야죠. 저는 그저 물어보셔서 대답한 것뿐입니다."

타니아는 항변하듯 말했다.

이 말은 나에게 계시로 다가왔다. 연주자의 행동과 신체적 표현, 심지어 기분까지 모두 보잉을 어떻게 느끼느냐와 관련 있었다니! 사실 지휘자가 각 악기를 잘 알고 있더라도 직접 연주를 하지 않는다는 점을 기억해야 한다. 특히 현악기 연주자였던 나는 내가 활의 물리적인 움직임에 예민하다고 생각했다. 그러나 적절한 템포를 찾는 끊임없는 여정 속에서, 고통스러울 정도로 길게 이어진 아치 모양의 음표와 격동하는 말러의 심리를 잘 표현해 보려는 욕심 때문에 박자를 다소 빠르게 끌고 갔던 것 같다. 그래서 활과 현의 운동 감각적 관계를 희생시켰다. 그 결과 세계 최고의 오케스트라, 그중에서도 귀중한 바이올리니스트는 체념한 채 연주하면서 불편해했다. 욕심의 대가치고는 너무 비쌌다.

보통 콘서트 당일 나의 루틴은 이렇다. 아침에 최종 리허설을 마치고 방으로 가 잠을 잔 후 샤워를 한다. 그다음 머핀 두 개와 스크램블드에그를 먹고 진하게 탄 영국식 차를 마신 뒤 콘서트홀로 가 공연 전 지시 사항을 전한다. 하지만 이번에는 달랐다. 나는 호텔방에서 말러의 악보를 보며 오후 시간을 보냈다. 각 악절을 바이올린으로 연주하면 어떤 느낌이 나는지 상상했다. 확실히 모든 악절이 너무 빠르지는 않았다. 이 악절일까? 저 악절일까? 그날 공연에서 나는 타니아의 보잉에 문제가 될 만한 각 악절을 조금씩 늘여 지휘했다.

공연 중에 나는 타니아 쪽을 자주 쳐다보았다. 거기에는 열정적이고 대범하게 감정을 드러내는 연주자가 앉아 있었다. 타니아는 음악에 완전히 매료되어 있었다. 사실 타니아를 배려하지 않아도 우리는 충분히 존경받을 수준 이상의 공연을 펼쳤을 것이다. 하지만 나와 타니아는 관계를 형성했고 나도 이 문제에 완전히 가담하게 되었다. 타니아의 피해를 별로 중요하게 생각하지 않았더라면 나는 타니아에게 다른 이유가 있을 거라며 애써 괜찮은 척했을 것이다. 그러면서도 타니아를 무시하느라 불필요한 에너지를 썼을 것이다.

공연이 끝난 후, 타니아는 보이지 않았다. 몇 주 후, 나는 타니아에게 고맙다는 말을 하고 싶어서 연락처를 수소문했다. 타니아의 조언 덕에 신나고 만족스러운 공연을 할 수 있었다고 말하고 싶었다. 나는 오케스트라 사무소에서 타니아의 연락처를 얻었다. 그리고 어느 날 아침, 나는 보스턴에서 타니아가 살고 있는 런던 교외로 전화를 걸었다.

내 이름을 밝혔을 때 수화기 너머 타니아의 목소리가 떨리는 듯했다. 타니아는 이제껏 지휘자가 집으로 직접 전화를 건 적이 없다고 했다. 우리의 공연에 타니아가 기여해 주어 매우 고맙다고 말하니 타니아는 기뻐했다. 알고 보니 타니아는 말러의 모든 작품을 섭렵할 정도로 말러를 좋아했다. 그리고 우리가 함께한 공연은 타니아의 음악 인생에서 최고의 공연 중 하나였다고 말했다.

나는 이 공연 덕에 '가장 참여도가 낮아 보이는 연주자가 가장 많이 기여하는 연주자가 될 수 있다'라는 교훈을 얻었다. 냉소적인 사람은 실망하고 싶지 않은, 알고 보면 가장 열정적인 사람이다. 말러 전문가인 타니아는 공연에서 한발 물러나 있기로 결정했었다. 자신에게 실망스러운 공연이 될 게 뻔했기 때문이었다. 나는 타인의 냉소에 말을 걸기보다 열정에 말을 걸어야 한다는 사실을 배웠다.

나는 타니아를 최선을 다하지 않는 까다로운 멤버라고 질책하지 않았다. 대신 타니아가 음악을 사랑하고, 공연이 성공하길 바라며, 이 곡을 제대로 연주하길 누구보다 원한다고 확신해 존중하는 태도로 다가갔다. 타니아에게 A 학점을 준 것이다. 타니아에게 던진 질문 "무슨 문제가 있나요?"는 함께하는 프로젝트에 완전히 헌신하지만 어떤 이유로 어려움을 겪고 있다고 생각되는 사람에게 던지는 질문이었다.

다음 시즌, 내가 다시 필하모니아에 돌아오자 타니아는 나를 열정적으로 맞아주었다. 이 바이올리니스트와의 경험 덕에 그곳 연주자 모두와 더 따뜻하게 지낼 수 있었던 것 같다. 말러의 〈교향곡 제2번 Second Symphony〉을 연습하던 어느 날, 비엔나 왈츠처럼 약간 경쾌한 느낌을 주는 두 번째 악장을 연주한 후 나는 새 친구의 옆으로 가 앉았다. 내 친구가 속삭였다.

"약간 느리지 않나요? 어떻게 생각하세요?"

A 학점 주기 연습은 타인에게 기여하고자 하는 인간의 보편 욕구를 일깨운다. 그 욕구를 표현할 때 장애물이 많아도 상관없다. 사실 우리는 타인의 무관심한 태도를 보며 그대로 체념할 수도, 내 안에 있는 열정을 깨워내 차이를 만들 수도 있다. 하지만 연습 내내 체념한 채 앉아 있던 타니아처럼 얼마나 많은 청소년이 체념하며 지내는가? 그들을 부정하지 말고 무조건 A 학점을 준다면 그들을 이해하고 대화하는 데 얼마나 큰 변화가 일어나겠는가?

우선 우리는 청소년도 어떤 일에든 기여할 수 있는 존재라고 확신해야 한다. 그러면 청소년들이 현실에서 맡을 수 있는 일이 얼마나 적은지 눈에 들어오고, 더 큰 목표가 없기 때문에 자신을 하찮은 존재로 여기며 끝내 방관자가 된다는 사실을 알게 된다.

제2바이올린병:
'나 하나쯤이야' 하는 습관

벤저민: A 학점에 관한 논의와 흥분이 시들해질 때쯤, 나는 학생들의 머릿속에서 이런 소리가 들릴 거라고 예측했다.

'귀찮은데 왜 수업에 가야 하지? 나는 이미 A 학점을 받았잖아. 그리고 할 일이 너무 많아. 나는 연습이 정말 필요하다고. 인원이 많은 수업이니 나 하나쯤 빠져도 눈치채지 못할 거야.'

나는 이것을 흔히 관찰할 수 있는 질병, 일명 '제2바이올린병'의 초기 증상이라고 말한다. 그룹에서 자신이 맡은 역할이 별거 아니라고 생각하는 사람(예를 들어 제2바이올리니스트)이 특히 이 병에 취약하다. 오케스트라에서 현악기 연주자들은 종종 자신을 '보조'라고 여긴다. 즉 자기중심적인 지휘자의 채찍에 희생되는 총알받이로 여기는 경향이 있다. 또 어차피 많은 연주자가 자신의 파트를 중복해서 연주한다. 반면 리드 트럼펫이나 메인 관악기 연주자처럼 주로 솔로 파트를 연주하는 사람은 이 병에 걸리지 않는다.

오케스트라에 처음 들어온 현악기 연주자는 굉장히 열정적이다. 집에 돌아가서도 시간이 날 때마다 자신의 파트를 정성 들여 규칙적으로 연습한다. 그러나 바로 옆에서 연주하는 파트너가 이미 오래전부터 연습을 하지 않았으며 음이 이탈했는데도 지휘자가 듣지 않는 것 같다고 느낀 순간, 빠르게 이 병의 전조 증상을 보이기 시작한다.

반면 제1오보이스트가 리드를 만들지 않거나 연습에 빠질 가능성은 낮다. 이유는 간단하다. 너무 눈에 띄기 때문이다. 지휘 경험을 통틀어 오보이스트가 지각하는 걸 단 한 번도 본 적이 없다. 연주 시작 전 모든 악기가 오보에의 A 음에 맞춰 조율을 하기 때문이지 않겠는가?

그래서 나는 이렇게 말한다.

"여러분의 머릿속에서 '너무 피곤해. 수업에 빠져야겠어', '오늘 할 일이 너무 많아. 내가 빠져도 달라지진 않을 거야' 이런 멜로디가 흘러나오려 한다면 여러분이 A 학점을 받은 학생이라는 사실을 기억하세요. A 학점을 받은 학생은 모든 수업에서 곡을 이끌어 가는 중심 연주자입니다. 아주 중요한 소리이기 때문에 한 사람이라도 없으면 음악을 만들어 낼 수가 없어요."

한번은 스페인에 있을 때 어느 작은 가게의 간판을 보았다. 간판에는 이렇게 쓰여 있었다.

알바레스 Alvarez

구두 장인

그리고

제2바이올린 수업도 함

간판을 보면서 알바레스의 지나친 겸손이 학생의 열망을 제한하는 일이 없기를 바랐다.

줄리아드 현악 4중주단 The Juilliard String Quartet을 결성한 제2바이올리니스트 로버트 코프 Robert Koff와 함께 연주하는 행운을 누린 적이 있다. 그때 나는 현악 4중주에서 실질적인 리더는 제2바이올린이라는 사실을 확실히 알았다. 코프가 나머지 연주자보다 압도적인 기량을 갖고 있어서가 아니다. 이유는 제2바이올린 파트에 핵심 리듬과 화음이 들어 있기 때문이다. 코프는 그 사실을 아주 명확하고도 권위 있게 보여주었기 때문에 우리는 모두 그의 연주에 크게 영향을 받을 수밖에 없었다. 그야말로 그는 2인자의 자리에서 우리를 리드하고 있었다. 그리고 진짜 위대한 현악 4중주단에서는 연주자들이 모두 이 역할을 한다.

로저먼드: 어느 해 2학기 중반쯤 접어들었을 때, 벤저민은 자신이 유럽에 지휘하러 가 있는 동안 나에게 수업을 맡아달라고 부탁했다. 학생들은 무대 공포증을 극복하는 법에 관심이 많았고 벤저민은 내가 학생들에게 중요한 사실을 전수해 주리라 생각했다.

그러나 차를 타고 음악원으로 가던 중, 나는 뚜렷한 이유도 없이 긴장하고 있었다. 나는 그런 자신에게 실망할 수밖에 없었다. 내 생각은 점점 공포로 변해갔다. 수업 중인 내 모습을 상상했다.

하얗게 질린 채 벌벌 떨면서 무대 공포증에 관한 수업을 하는 꼴이라니. 완전히 수치스러운 경험이 될 것 같았다.

내가 제일 먼저 시도한 일은 두려움을 관리하는 것이었다. 나는 자신에게 "그 감정에 머물러라"라고 말했다. 하지만 특별한 효과는 없었다. 나는 불안을 다루지 못한 자신을 질책했다. 곧 수업을 들을 학생들에게 내가 어떤 점수를 주고 있었는지 돌아볼 생각은 미처 하지 못했다.

학생들 앞에 섰을 때도 나는 극도로 긴장한 상태로 자신에게만 집중하고 있었다. 하지만 말을 하기 시작하자 상황이 달라졌다. 나는 "이 자리에 있게 되어 무척 신이 납니다"라고 말해버렸다(물론 거짓말이었지만 이는 진실이 되어가고 있었다).

"왜냐하면……(이때까지는 내가 무슨 말을 하게 될지 몰랐다), 왜냐하면 여러분은 예술가고…… 제가 아주 열정적으로 연구하는 주제인 창의성에 관해 논의하려면 여러분만 한 사람이 없거든요."

그때 갑자기 내 말이 사실이 되어버렸다. 그 자리에서 나는 학생들에게 A 학점을 주었고 그들을 동료로 만들었다. 그들은 내가 이야기하고 싶은 바로 그 대상이 되었고 나는 정확하게 내가 원하는 모습이 되었다. 만약 우리에게 학생, 연주자, 직원이 어떤 사람인지 정의할 수 있는 선택권이 있다면 그들을 같이 일하고 싶지 않은 사람이라고 굳이 정의하지는 않을 것이다.

A 학점을 받은 학생들과 열정과 창의성을 높일 이야기를 만들어 나가는 동안 시간이 훌쩍 지나갔다. 우리는 무대 공포증의 비밀은 인생의 비밀과 같은 것이라고 결론 내렸다. 즉 '이 모든 게 만들어졌다'라는 것.

A 학점 주기는 아주 근본적인 패러다임의 변화이며, 이는 모든 것은 만들어진 것에 불과하다는 깨달음으로 이어진다. 사실 A라는 점수도 만들어졌고 68이라는 번호도 만들어졌다. 그리고 그 과정에 개입하는 모든 판단이나 생각도 만들어진 것이다. 어떤 독자는 이 연습이 단순히 '부정적인 생각을 긍정적으로 바꾸기'가 아니냐고 할 수도 있다. 또는 '타인의 장점 찾기'나 '과거는 과거일 뿐'이라고 생각하는 연습에 불과하다고 단정 지을 수도 있겠다.

하지만 전혀 그렇지 않다. 당신이 A 학점을 주어도 상대의 행동은 그 점수로 가려지지 않는다. 반대로 죄를 지은 사람이라도 진실을 이해할 수 있는 인간성이 전혀 없는 것도 아니다. 자신의 죄를 인정하고 진심으로 뉘우친 사람이라면 때에 따라 A 학점을 받을 수도 있다고 생각한다. 또 10대 자녀가 너무 무기력한 데다 게으르고, 소통하려 하지 않아도 얼마든지 A 학점을 줄 수 있다. 물론 내가 A 학점을 주는 순간에 아이가 잠을 자고 있을 수 있다. 하지만 아이가 잠에서 깨어났을 때 우리가 나누는 대화는 달라질 것이다. 나의 시선이 바뀌었기 때문이다. 여전히 말이 잘 통하지 않을지라도 '근본적으로 소통하려는 마음을 지닌 존재'로 아이를 바라보게 된다. 아이가 당장은 아무 말도 못 하고, 당황하거나 말문이 막혀 있더라도 진짜 소통이 시작되고 있다는 사실을 느낄 수 있을 것이다.

누군가에게 A 학점을 주면 나는 전혀 다른 관점에 열린 사람이 될 수 있다. A 학점을 준 사람만이 타인의 이야기에 진정으로 귀를 기울일 수 있으며, 귀를 기울인다는 것은 색다른 관점에 감사할 수 있는 흔치 않은 기회이기 때문이다.

측정의 세계에서 우리는 기분과 의견에 따라 상대에게 점수를 다르게 준다. 한 문제에서 의견이 틀어져 상대에게 낮은 점수를 부여하고 다시는 그 사람의 말을 들으려 하지 않을 수도 있다. 상대를 향한 점수가 바뀔 때마다 이 새로운 평가는 한붓그리기의 사각형처럼 가능성의 범위를 제한한다.

말러와 캐트린

벤저민: 오케스트라 단원인 앤 후퍼Anne Hooper의 이야기를 해보려 한다. 앤은 아무런 편견이나 기대 없이, 한계를 설정하지 않고 어린아이를 바라보면 기적이 일어난다는 사실을 보여주었다.

나는 보스턴 필하모닉 오케스트라와 가을에 말러의 〈교향곡 제9번〉을 연주하기로 했다. 이 곡은 극도로 어렵기 때문에 여름 동안 미리 연습할 수 있도록 녹음테이프를 단원들에게 보냈다. 앤은 바이올리니스트였고 가족과 섬으로 여행을 가면서 이 테이프를 가지고 갔다. 그곳에서 앤은 대형 오디오에 말러의 곡을 재생했다.

앤의 다섯 살 난 조카 캐트린Katrine이 그 곡을 듣더니 물었다.

"이모, 이건 뭐에 관한 음악이에요?"

앤은 성에 갇힌 공주와 무시무시한 용이 등장하는 이야기를 흥미진진하게 섞어 들려주기 시작했다. 교향곡이 흘러나오는 90분 동안 앤은 공주의 이야기를 늘어놓았다.

다음 날, 캐트린은 공주에 관한 그 음악을 다시 들려달라고 부탁했다. 앤은 다시 한번 오디오를 틀었다. 이번에는 어제 지어낸 이야기의 줄거리를 캐트린에게 상기해 주기만 했다.

캐트린의 부탁으로 음악을 세 번째 틀었다. 곡이 반쯤 재생되었을 때 캐트린이 물었다.

"이모, 이 음악 진짜 뭐에 관한 거예요?"

앤은 다섯 살짜리 조카의 반응에 놀란 나머지 말러의 진짜 이야기를 해주기 시작했다. 말러의 인생이 얼마나 슬펐는지, 어린 시절 병으로 형제들을 어떻게 잃었는지 말해주었다. 너무 많은 이별을 겪다 보니 관이 일반 가구처럼 여겨졌다고 했다. 또 알코

올의존증을 앓던 말러의 아버지가 얼마나 잔인했는지, 병약했던 어머니가 죽을까 봐 얼마나 무서워했는지까지 말해주었다. 말러의 어린 딸은 네 살 때 죽었고, 말러는 이 상실감을 평생 극복하지 못했으며, 유대인이라는 이유로 비엔나에 있는 유명한 오페라 하우스에서 해고당했다고 말했다.

"말러는 이 교향곡을 쓰기 직전에 의사한테서 살날이 얼마 남지 않았다는 말을 들었단다. 그러니까 말러는 이 곡을 통해서 모든 것에 이별을 고하고 있는 거야. 자신의 삶을 되돌아보면서 말이지. 그래서 이 음악의 많은 부분이 슬프게 들려. 곡 끝부분에서 점점 소리가 줄어들다가 침묵으로 변하는 이유는 죽음과 마지막 숨을 묘사하려고 했기 때문이야."

이어서 앤은 말러의 인생이 항상 슬프지만은 않았다고 말했다. 말러는 자연을 굉장히 사랑했고, 수영 실력이 뛰어났으며, 산책을 좋아했다. 말러는 근사한 웃음을 지을 수 있는 사람으로 삶을 깊이 사랑했다. 말러는 슬픔과 병을 향한 분노, 아버지의 잔혹한 성정, 어머니의 연약함을 포함한 모든 것을 음악에 담았다. 사실 말러는 삶의 모든 것을 교향곡 속에 녹여내야 한다고 생각했다. 그래서 주의를 기울여 그의 음악을 듣다 보면 살면서 상상할 수 있는 모든 것을 들을 수 있다.

다음 날, 캐트린은 앤에게 달려와 말했다.

"이모, 이모, 다시 그 아저씨의 음악을 들려주세요."

두 사람은 열심히 음악을 들었고, 다음 날에도 들었다. 캐트린의 부모가 말하길 캐트린은 그해 여름 동안 그 곡을 거의 100번은 들었다고 했다.

10월, 앤의 모든 가족이 뉴욕 북부에서 보스턴까지 네 시간을 운전해 조던 홀Jordan Hall 공연을 관람했다. 캐트린은 공연 내내 놀란 눈으로 앉아 있었다. 후에 캐트린이 나에게 감사 메모를 남겼다.

벤 아저씨
사랑해요.
캐트린이.
알러('말러'의 오기-옮긴이) 9번 감사해요.
정말 좋았어요.

나는 이 메모를 항상 들고 다닌다. 이 메모를 볼 때마다 우리가 아이들의 안에 있는 열정과 비범함에 얼마나 집중하지 않았는지, 아니, 보려고 하지 않았는지, 그러니까 아이들에게 얼마나 자주 A 학점을 주지 않았는지를 떠올린다.

미국 최초 아프리카계 대법관 서드굿 마셜Thurdgood Marshall이 은퇴하던 날, 가장 자랑스러운 업적이 무엇인가 하는 질문을 받았다. 서드굿은 짧게 대답했다.

"내게 주어진 것으로 최선을 다했다는 게 자랑스럽습니다."

이보다 더 훌륭한 칭찬이 있을까? 서드굿은 자신에게 A 학점을 주었다. 그리고 이 생각의 틀 안에서 그는 판결의 실수로부터 해방되었다. 다르게 접근했더라면 달라졌을 행동에 관해서도 마찬가지였다.

자신에게 A 학점을 주는 일은 자신을 자랑스러워하거나 자존감을 고양하는 행위와는 다르다. 당신의 업적을 줄줄이 나열하자는 것도 아니다. 어느 것에도 구애받지 않은 채 자신에게 A 학점을 주면 성공이냐 실패냐 하는 강박에서 벗어날 수 있다. 측정의 세계에서 멀리 떨어진 가능성의 우주 속으로 들어갈 수 있다.

가능성의 우주라는 틀에서 우리는 자신의 전체 모습을 볼 수 있다. 자신을 향한 저항감이나 거부감 없이 우리는 온전히 자신이 될 수 있다.

과거 재구성하기

A 학점 주기는 개인의 역사를 바꿀 심오한 기회를 제공한다. 우리는 A 학점 주기를 통해 과거 타인에게 부여했던 점수는 물론, 현재의 삶에 영향을 미치는 자신의 점수까지 재평가할 수 있

다. 재평가된 과거는 우리가 믿고 따를 만한 역사가 된다. 그도 그럴 것이 과거의 기억이 진실인지 어떻게 안단 말인가? 우리는 더 지혜로운 이야기를 만들어 냄으로써 우리를 가로막고 있는 서사를 바꿀 수 있다. 과거의 두려움에서 벗어나 이야기를 재창조하면 우리를 오랜 시간 가로막고 있던 심리적 장애물을 허물어 버릴 수 있다.

보통 우리는 희망이 사라졌다고 느낄 때 과거를 새롭게 바라보려고 한다. 같은 좌절을 몇 번이고 반복한 끝에야 비로소 '이제는 뭔가 달라져야 한다'라는 감각이 우리를 움직인다. 이럴 때 우리는 흔히 분석이라는 도구를 꺼내 들지만 분석은 별로 도움이 되지 않는다. 그런데 많은 사람이 분석을 멈추지 못한다. 우리와 관련된 사람들이 늘 자기 방식에 고착된 것처럼 보이고, 그래서 어떻게 하면 그들을 바꿀 수 있을까를 고민한다. 정작 이 상황 속에서 무엇을 해야 하는지 '자신의 역할'을 잘 인식하지 못한다. 당연히 해답도 눈에 잘 들어오지 않는다. 그럴 땐 그들을 향한 우리의 평가로 시선을 돌리는 건 어떨까?

로저먼드와 아버지

로저먼드: 나는 이 사실을 몇 년 전에 깨달았다. 남편과 지루할

정도로 반복해 온 논쟁이 끝나니 불쾌함과 절망감이 남았다. 나는 이 틈을 타 혼자만의 시간을 가졌다. 자책과 비난을 일삼던 평소의 방식을 따르지 않고 A 학점 주기의 길을 따라 내려갔다. 현재 문제의 원인이 된 과거를 잘 들여다볼 수 있게 평소에 훈련한 덕분이었다. 나는 내 인생의 첫 번째 남자인 아버지에게 몇 점을 주겠느냐고 스스로 물었다. 나의 아버지는 십여 년 전에 돌아가셨다. 하지만 아버지를 떠올릴 때마다 내가 아버지에게 붙인 꼬리표만 생각이 났다.

부모님은 내가 태어나자마자 이혼했다. 그래서 나는 아버지와 가끔 연락하며 지냈다. 아버지는 재혼을 해서 아이를 낳았고 내가 예닐곱 살이 될 때까지 가까운 곳에 살았다. 언니와 함께 격주로 아버지를 만났지만 아버지가 새 가족과 멀리 이사를 가고 나서는 연락이 뜸해졌다. 한번은 언니가 아버지와 플로리다로 바다낚시 여행을 다녀왔다. 2년 후 나도 아버지에게 단둘이 바다낚시를 가고 싶다고 부탁했다. 나는 그때 여덟 살이었다. 아버지는 내 부탁을 거절했다. 10대가 되고 나서 다시 부탁했지만 아버지는 다시 거절했다. 아버지는 내게 언니와 함께 오라고만 했다. 나는 열여덟 살이 되어서야 아버지와 단둘이 시간을 보낼 수 있었다.

20대가 되어서는 아버지가 뉴욕을 거쳐 가는 일정이 생겼을 때만 잠시 만나곤 했다. 아버지의 일은 아버지의 바람대로 잘 풀리지 않았다. 아버지는 원래 퇴직을 앞두고 플로리다에서 느긋하게 여생을 보낼 계획이었다. 마침내 그 시간이 왔지만 일은 계획대로 진행되지 않는 것처럼 보였다. 그러다 아버지가 65세가 되었을 때, 갑자기 자기 손으로 생을 마감했다는 충격적인 소식을 접했다.

그로부터 몇 년 후, 나는 의자에 앉아 자신에게 몇 가지 기본적인 질문을 했다. 아버지가 나를 사랑했을까? 아니. 아버지가 어떻게 나를 사랑했겠는가? 아버지는 나를 거의 모른다. 그게 문제였다. 아버지와 일대일로 만난 적이 너무 적었다고 항상 생각했다. 그러면 나는 아버지에게 몇 점을 주었던가? B였나. 아니, 아마도 C쯤. 뭘 근거로? 아버지가 자기 딸을 알려고 노력하지 않았기 때문에. 아버지는 나를 몰랐고, 그래서 나를 사랑하지 않았다. 아버지가 나를 알았더라면, 나를 알아가는 데 시간을 들였더라면 아마도 나를 사랑했으리라.

의자에 앉아 이 문제를 깊이 생각하던 중, 나는 내가 얼마나 끔찍한 전제 아래에서 살아왔는지 깨달았다. 나는 '아버지는 나를 사랑하지 않았다'라는 사실이 아닌 전제(물론 겉으로는 그렇게 비쳤지만) 속에서 살아왔던 것이다. 나는 이 가정을 다른 인간관계에도 적용했는지 돌아보았고 실제로 그랬다는 사실을 알게 되었다. 정말로 나의 모든 친밀한 관계는 이 전제의 틀을 전혀 벗어나지 못했다. 내가 사랑받지 못한다고 느꼈을 때 내 마음을 알아달라고, 나를 이해하고 인정해 달라며 애썼던가? 그랬다. 매번 그렇게 했다. 하지만 그럴 때마다 나는 늘 실패감에 허우적댔다.

나와 아버지 사이에도 A 학점 주기 연습을 적용할 수 있을까? A 학점 주기가 나와 아버지를 이 사각형에서 꺼내줄 수 있을까? 그러기 위해서는 아마도 '아버지가 나를 조금은 사랑했다'라는 전제에서 다시 시작해야 할 것이다. 그러나 그다음은 어떻게 해야 하나? 내게 벌어졌던 사실은 어떻게 설명해야 하지?

나는 이렇게 말하며 아버지에게 A 학점을 주었다.

아버지는 나를 사랑했다.

글쎄? 아버지가 나를 사랑했다고 말하려면 적어도 아버지가 나를 알고 있다고 인정해야 하지 않을까?

아버지는 나를 사랑했다.
아버지는 나를 알고 있었다.

그렇다면 왜 아버지는 나와 함께 있고 싶어 하지 않았을까?
왜 연락이 끊겼을까?
새로운 전제에서 하나의 답이 모습을 드러냈다.

아버지는 나를 사랑했다.

아버지는 나를 알고 있었다.

아버지는 나에게 아무것도 해줄 수 없다고 느꼈다.

그랬다. 아버지는 자신을 지독히 싫어했다. 누군가에게 아무것도 해줄 수 없다고 느끼는 사람이 아니고서야 도대체 누가 자신을 세상으로부터 철저히 고립시키겠는가?

처음으로 아버지를 위한 눈물이 솟구쳤다. 아니, 우리를 위한 눈물이었다. 눈물의 의미를 정확하게 알 수는 없었지만, 확실한 건 연민의 눈물은 아니었다. 이렇게 의미를 재구성해 보니 오히려 더 진실에 가까워진 것 같았다. 이는 과거에 내가 맹신했던 생각보다 더 지혜로운 생각 같았다. 그러면서 내 과거의 관계를 돌아보았다. 나와 함께하기로 선택했던 남자가 나를 사랑하지도, 나를 알지도 못하는 사람이라고 생각했던 것 자체가 얼마나 터무니없는 생각이었는지를 깨달았다. 그러면서도 나는 인정받기 위해 왜 그토록 애를 썼을까. 그것이 얼마나 지치는 일이었던가!

나는 다른 서사를 쓰기 시작했다. 내 남편에 관한 관점을 바꾸었다. 그가 정말로 나를 알고 사랑했으며, 최선을 다했다고 인정했다. 그러고 나서 A 학점 주기의 방식으로 남편과 대화를 나누었다. 나는 남편을 '기꺼이 내 말을 들어주는 유능한 사람'이라고 정의했다. 이런 방식으로 연습을 하자 모든 대화가 건설적인 방식으로 이루어졌다. 전에는 전혀 상상하지도 못한 일이었다.

아버지와의 관계를 재정립하고 며칠 후, 지하 창고에서 책 뭉치를 뒤적이던 중 편지가 하나 발등 위로 떨어졌다. 20년 전 아버지가 직접 쓴 편지였다. 나는 처음 본 것처럼 그 편지를 읽었다. 내 평생 아버지로부터 편지라곤 받아본 적이 없다고 할 정도로 낯설었다.

로저먼드에게

너를 보아서 정말 기뻤단다. 다른 사람과 함께 일하고, 다른 사람을 돕는 직업을 가졌으면 좋겠구나. 내가 볼 때 너는 그쪽에 소질이 있거든.

사랑을 담아,
아빠가

그렇다. 아버지는 정확히 내가 원하는 대로 나를 알고 있었다.

A 학점 주기가 통했다. 관대한 마음으로 다른 사람에게 A 학점을 주면 베일 뒤에 감춰져 있던 일이 모두 드러난다. 편지가 갑자기 나타나고, 기억이 돌아온다. 새로운 시작이 거기에 있었다. 관계에 관한 의문이 풀릴 때 우리는 비로소 자신에게 이렇게 물

을 수 있다.

"이제 뭘 창조하고 싶지?"

많은 사람이 부모에게 인정받지 못해 힘들어한다. 어른들은 진지하면서도 안쓰럽다는 표정으로 "사람은 바꿀 수 없어"라는 조언을 자주 한다. 그럼에도 대부분의 사람은 죽을 때까지 타인을 바꾸려고 노력한다. 물론 어른들의 저 말은 측정의 세계에서는 사실이다. 측정의 세계에서 사람과 물건은 성격이 고정되어 있기 때문이다. 하지만 가능성의 우주에서는 사람을 바꿀 수 있다. 당신의 말에 따라 사람이 바뀐다. 그러면 이런 의문이 들 수 있다.

"도대체 누가 변화를 주도하나요?"

대답은 '관계'이다. 가능성의 우주에서 모든 것은 맥락 또는 배경에 따라 창조되기 때문이다.

A 학점 주기 연습을 알게 된 한 남자가 보낸 편지가 있다. 그 남자는 음악의 힘에 몸을 맡기고 삶이 바뀌었다. 이 모든 일이 오후 한나절 만에 일어난 일이다.

잰더 지휘자님께

노스 쇼어 롱아일랜드 유대인 건강센터 North Shore-Long Island

Jewish Health System에서 지휘자님이 진행한 리더십 강연이 방금 끝났습니다. 저는 당장 직무에 복귀해야 하는데도 이렇게 앉아서 지휘자님의 말과 에너지, 유머가 오늘 저에게 어떤 영향을 미쳤는지를 짧게나마 쓰려고 합니다.

저는 지휘자님께 제 아버지와 감동적인 재회를 했다고 말씀드렸던 그 사람입니다. 아버지는 스위스와 독일 혼혈인이었습니다. 저는 아버지와 함께한 25년 동안 왜 아버지에게서 단 한 번도 사랑한다는 말을 듣지 못했는지 그 이유를 설명하려 애썼습니다. 저에게는 아버지와의 많은 추억이 있습니다. 비록 엄하기는 했지만 아버지의 가르침은 계속 제 안에 남아 있더군요. 사랑스러운 다섯 명의 아이의 아버지로 기쁨을 느끼는 제 모습을 보면서 깨달았습니다.

지휘자님은 프레데리크 쇼팽 Frédéric Chopin의 곡을 연주하고 싶다면 더는 존재하지 않는 과거의 사람을 오랜 시간 깊이 생각해 보아야 한다고 하셨죠. 저는 끊임없이 저를 따라다녔던 질문인 '왜 아버지는 나에게 사랑한다고 말하지 않을까?'를 다시 생각해 보았습니다.

바로 그때, 45년 전 일이 떠올랐습니다. 당시 저는 천식을 앓고 있었기 때문에 아버지가 퇴근했을 때 달려가 뽀뽀를 할 수 없었습니다(어머니가 달리지 말라고 가르쳤습니다). 그 대신 저는 위층 침대에서 숨을 가쁘게 내쉬며 아버지가 방으로 올라와 인사해 주기를 기다렸습니다. 오늘 아버지에게 "잘 지냈니? 사랑한다"라는 말을 들을 수 있으리라 기대하면서 말이죠. 하지만 절대로 그 말은 들을 수 없었습니다.

음악을 들으면서 45년도 더 된 어느 저녁의 기억이 떠올랐습니다. 저는 그때도 아팠고 아버지는 위층 제 방에 있었습니다. 그날 저녁은 좀 달랐습니다. 아버지가 제 옆에 앉아 있었고, 저는 상체를 세운 채 앉아 힘겹게 숨을 쉬고 있었습니다. 아버지는 마치 이 순간이 영원했으면 좋겠다는 듯 제 머리를 부드럽게 쓰다듬기 시작했습니다.

오늘 지휘자님이 쇼팽의 곡을 연주할 때, 눈물이 차올랐습니다. 사랑한다는 말을 직접 하지 않았지만 어린 아들을 부드럽게 쓰다듬던 아버지의 손길에는 사랑이 사무쳐 있었습니다. 아버지는 아들의 천식 증상이 가라앉을 때까지 옆을 지켜주었습니다.

저는 이 일을 완전히 잊고 있었습니다. 아버지와 거리를 두려고 그 일을 마음속 깊이 묻어두었던 겁니다. 저는 제가 사랑받을 수 없는 존재라는 사실을 증명해 내려 애를 썼던 것 같습니다. 혹은 아버지가 그저 일밖에 모르는 차가운 인간일 뿐이라고 믿고 싶었는지도 모르겠습니다. 하지만 그것은 사실이 아니었습니다. 사실 아버지는 아주 다양한 방식으로 제게 사랑을 표현해 주었습니다.

우리는 살면서 특정 메시지만을 고집하며 찾아다닙니다. 하지만 눈이 어두워 그 메시지가 사방에 널려 있다는 사실을 모릅니다. 우리는 자신만의 언어나 방식을 고집하지 말아야 합니다. 그리고 우리가 원하는 것이 바로 앞에 있을 수도 있다는 가능성을 항상 열어두어야 합니다.

감사를 전하며,
존 임호프 John Imhof

우리는 우리가 상상하는 만큼만 자신을 구원할 수 있다. A 학점 주기는 가족과 직장, 지역 사회 모두의 가능성을 발산하게 한다. 또 다른 사람에게 힘과 기쁨을 주고, 재능을 꽃피우게 하며, 왕성한 창조와 자기표현을 가능하게 한다. 이 가능성의 빛이 얼마나 멀리까지 미칠지는 아무도 모른다. A 학점 주기가 얼마나 위대한 일인지 다음 우화를 통해 알아보자.

수도승 이야기

어느 수도회에 역경이 닥쳤다. 한때는 위대한 수도회로 이름을 날렸지만 17, 18세기 종교 박해로 모든 분파가 자취를 감추었다. 규모가 줄어 본원에는 수도원장과 수도승 네 명만이 남게 되었다. 모두 일흔 살이 넘은 노인들이었다. 수도원은 폐원 수순을 밟고 있었다.

수도원을 둘러싼 숲 깊숙한 곳에는 인근 마을의 랍비가 은둔 생활을 위해 때때로 사용하던 작은 오두막이 있었다. 어느 날, 수도원장은 랍비의 오두막을 방문하기로 마음먹었다. 랍비가 수도원을 살릴 조언을 해줄지도 모른다고 생각했기 때문이다. 랍비는 수도원장을 환영하고 위로했다.

"어떤 상황인지 압니다. 사람들은 영혼을 잃었습니다. 우리 회당에 오려는 사람도 거의 없지요."

두 노인은 함께 울었다. 그리고 그들은 성서의 일부를 읽은 후 조용하고 깊게 이야기를 나누었다.

수도원장이 떠나야 할 시간이 다가왔다. 둘은 서로를 껴안았다. 수도원장이 말했다.

"함께 있어서 정말 좋았습니다. 하지만 제가 원하는 조언을 아직 듣지 못했습니다. 수도원을 살리기 위해 해주실 조언이 없는지요?"

"죄송합니다. 드릴 조언이 없군요. 하지만 한 가지 드리고 싶은 말씀은, 당신들 중 한 명이 메시아Messiah라는 사실입니다."

다른 수도승들은 랍비의 말이 무슨 뜻인지 궁금해했다.

"메시아가 우리 중에 있다고요? 우리 중에, 여기에, 이 수도원에요? 랍비가 말한 사람이 수도원장님이실까요? 당연히 수도원장님이시겠죠. 오랜 시간 우리를 이끌어 주셨잖아요. 아니면, 토머스Thomas 수사님일까요? 확실히 성스러운 분이지요. 또 아니면 엘로드Elrod 수사님일까요? 까다롭긴 하지만 매우 지혜로우시니까요. 필립Phillip 수사님은 아니겠지요? 매우 소극적이잖아요. 신기하게도 필요할 때마다 옆에 계시긴 하지만요. 저를 지목한 건 당연히 아닐 겁니다. 혹시 그런 걸까요? 오, 주여! 저는 아니겠죠! 저는 별로 중요하지 않잖아요, 그렇죠?"

늙은 수도승들은 다른 이 중 한 명이 메시아일 수 있다는 생각에 서로를 아주 극진히 대하기 시작했다. 그리고 자신이 메시아일 수도 있다는 생각에 자신도 극진히 대했다.

수도원 주변 숲이 매우 아름다웠기 때문에 사람들은 때때로 수도원을 방문했고, 이곳으로 소풍을 오거나 오래된 길을 따라 서성이기도 했다. 그 길은 대부분 낡은 예배당으로 이어져 있었다. 사람들은 수도승들을 둘러싸고 있던 놀라운 존경의 빛을 느꼈다. 사람들은 더 자주 이곳에 오기 시작했고 친구를 데려왔다. 친구는 또 다른 친구를 데려왔다. 방문객 중 제일 나이가 적은 사람 몇몇이 수도승과 대화를 나누었다. 잠시 후, 한 명이 와서 자신도 대화에 끼어도 되겠느냐고 물었다. 또 한 명이 오더니, 또 다른 한 명이 다가왔다. 몇 년 만에 수도원은 다시 번성했다. 그리고 랍비의 선물 덕에 전 지역에 빛과 사랑을 전하는 활기차고 진정성 있는 공동체가 되었다.

4장

기여자 되기

한 남자가 해안가를 걷다가 한 여자를 목격했다. 여자는 춤을 추면서 어떤 의식을 치르는 것 같았다. 여자는 구부정하게 서 있다가 상체를 세운 뒤 한쪽 팔로 반원을 그리며 무언가를 내던졌다. 더 가까이 다가가자 여자 주변에 불가사리가 흩어져 있는 것이 보였다. 여자는 불가사리를 한 마리씩 주워 바다로 던지던 중이었다. 남자는 여자에게 농담하듯 비웃으며 말했다.
"눈에 보이는 것만 해도 불가사리가 몇 마일에 걸쳐 있는데 당장 몇 마리 구한다고 뭐가 바뀌겠어요?"
여자는 미소를 지으며 허리를 숙였다. 그리고 불가사리 한 마리를 물속으로 던져 넣으며 조용히 말했다.
"이 한 마리에게는 확실히 뭐가 바뀌겠죠."

태어난 첫날부터 우리는 성취해야 할 많은 과제와 사건 앞에 놓인다. 삶은 장애물 코스와 같다. 우리는 최대한 성공하려고 장애물의 정체를 밝히는 데 많은 시간을 보낸다. 위의 이야기에서 남자는 오직 장애물만 본다. 남자는 여자의 행동이 헛된 일이라 말한다. 불가사리는 너무 많은데 시간은 없고, 자원이나 도구도 부족하고, 그렇다고 결과가 척척 나오는 것도 아니다.

하지만 이 이야기의 초점은 불가사리를 구하는 것에 성공했느냐 실패했느냐가 아니다. 살아남은 불가사리와 죽은 불가사리의 비율을 따지지도 않는다. 과거를 말하지도 않고, 미래를 예측하지도 않는다. 우리가 들은 것은 여자의 미소와 고요함, 춤추는 것 같은 일정한 행동 패턴이 전부다. 우리에게 익숙한 '발전 정도'를 측정하지도 않는다. 대신 기여하는 무대로써의 삶과 기여자인 사람만 존재한다. 삶은 측정할 수 있는 무언가가 아니라 우리가 만들어 내는 이야기이기 때문이다.

'저녁 식사 자리' 게임

벤저민: 나는 전통적인 유대인 가정에서 성장했다. 유대인 집안이라고 하면 떠오르는 따뜻한 분위기와 치킨수프는 차치하고 '유대인 가정에서 자란 아이들은 성공한다'라는 통념이 있다. 공

식적인 것은 아니지만 이는 가족 간 상호작용이 많다는 의미를 내포하기도 한다.

우리 집에서는 매일 저녁 식탁 양 끝자리에 부모님이, 그 사이에 아이 네 명이 앉아 식사를 하며 이야기를 나누었다. 아버지가 큰형에게 "오늘 무엇을 했니?" 하고 물으면 형은 당시 내가 느끼기로 아주 길게 자신이 성취한 일을 나열했다. 그러곤 둘째 형이 똑같은 질문을 받고, 그다음에 누나가 대답했다. 내 차례가 오면 나는 긴장해서 횡설수설했다. 이유인즉슨 그날 내가 이룬 일들을 사소하다고 느꼈기 때문이었다. 게다가 내게 아버지의 질문은 "오늘 무엇을 했니?"가 아니라 "오늘 무엇을 성취했니?"로 들렸다. 나는 형들만큼 많은 일을 성취하지 못했다고 생각했다. 그래서 나는 항상 불안했고, 이 불안은 중년까지 계속되었다.

성공하려는 추진력과 실패를 향한 두려움은 동전의 양면처럼 연결되어 있다. 이 두 감정 때문에 나는 늘 과도하게 노력했고, 나뿐 아니라 주변 사람에게도 상당한 고통을 안겨주었다. 놀라운 것은 성공 가도를 달릴수록 긴장감은 줄어들 기미가 보이지 않았다는 사실이었다.

그러던 중 갑자기 두 번째 아내가 결혼 생활을 박차고 떠나버렸다. 아내는 나와 관계를 유지할 수는 있지만 그 모양새는 우리 하기 나름이라고 주장했다(물론 처음에는 이 말을 들으려 하지 않았다). 이제까지의 방식으로는 활기찬 가정을 유지할 수 없다는 게 분명해졌다. 아내가 말했다.

"서로에게 기여할 수 있는 형태를 만들어 보자. 거리를 두고 온전히 우리 자신이 되도록 도와주자."

나는 두 번째 결혼 생활이 실패에 이르러서야 깨달았다. 모든 것은 만들어진 것에 불과하며, 성공도 그저 게임에 불과하다는 사실을 말이다. 그때 나는 다른 게임을 만들어 볼 수 있겠다 싶었다.

나는 '기여자 되기 I Am a Contribution'라는 이름의 새 게임을 시작했다. 성공이나 실패와 달리 기여에는 양면이 없다. 기여란 비교로 측정되는 행위도 아니다. 문득 두려운 질문을 즐거운 질문으로 바꿔 봐야겠다는 생각이 들었다. "이걸로 충분할까?", "나는 있는 그대로 사랑받고 있는 걸까? 아니면 내가 성취한 것 때문에 사랑받고 있을까?"라는 질문을 "오늘은 어떻게 기여해 볼까?"로 바꾸어 보는 것이다.

어렸을 때는 '저녁 식사 자리'라는 게임에서, 어른이 되어서는 '성공 혹은 실패 게임'에서 타인의 기준으로 끊임없이 자신을 평가했다. 그래서 어떤 것도 성에 차지 않았다. 내가 지휘하던 오케스트라 말고 나에게 더 큰 성공을 가져다줄 것 같은 다른 오케스트라가 항상 존재했다. 그래서 지휘대에 설 때마다 진짜 나는 없었다. 데이트를 할 때도 항상 어깨너머로 더 나은 사람을 찾곤 했다. 너무 많은 것을 아직 오지 않은 성공과 비교하며 판단했다. 그러다 보니 내 삶은 모든 면에서 도통 평온하지 못했다.

지휘자로서도 연주자와 관리자 들을 내 야망대로 자주 몰고 갔다. 또 많은 지원을 받고 있어도 항상 자신을 불신했다. 나는 그야말로 경쟁 게임에 참여하고 있었다. 경쟁 게임에서는 같은 목표를 가진 사람과는 동맹을 맺을 수 있지만 다른 목표를 가진 사람은 그 누구라 할지라도 의지할 수 없다. 그들이 내가 원하는 것을 망칠지도 모르기 때문이다.

반대로 기여자 되기 게임을 시작했을 때, 현재 내가 지휘하고 있는 오케스트라 말고 더 나은 오케스트라는 존재하지 않았다. 지금 내가 함께하는 사람보다 더 나은 사람도 없었다. 사실 '더 좋음'이란 개념 자체가 존재하지 않았다. 기여자 되기 게임에서는 자신이 다른 사람에게 선물이라는 생각을 누리며 기분 좋게 하루를 시작한다.

이 새로운 게임을 한다고 해서 당신이 늘 하던 질문, 그러니까 당신이 얼마나 중요한 존재이며, 얼마나 많은 돈을 벌고 싶은가와 같은 질문이 사라지는 것은 아니다. 이 문제들은 잠시 다른 이름의 사각형 속으로 들어간다. 다른 규칙에 의해 돌아가는 삶 속으로 들어가는 것이다.

이 책에서 삶의 다양한 활동을 '게임'이라고 부르는 이유는 그 활동이 시시하거나 사소해서가 아니다. 우리가 어떤 일을 하든 암묵적인 규칙이 항상 존재한다는 사실을 암시하고자 했다. 야구 경기의 규칙이 선수의 행동을 지배하는 것을 생각해 보라. 우리도 암묵적인 규칙에 따라 행동이 결정된다.

사람들은 게임을 할 때 특정 한계를 정하고 그에 맞춰 도전한다. 야구 경기에서 안타로 인정되기 위해서는 여러 조건이 있다. 타자가 친 공이 90도인 베이스라인 사이에 떨어져야 하고, 공중에서 공이 잡히지 않아야 하며, 수비수가 던진 공이 1루에 닿기 전에 타자가 1루에 닿아야 하고, 타자를 태그아웃하거나 다른 주자가 아웃으로 처리되지 않아야 한다. 또 스크래블Scrabble이라는 보드게임에서는 가장 높은 점수가 걸린 칸에 단어를 연결해야 유리하다. 참여자는 자신이 가진 일곱 개의 알파벳만 사용할 수 있고, 사전에 등록된 단어만 만들 수 있다.

야구와 같은 게임의 재미는 '도전'에 있다. 게임을 할 때는 특정 기술을 능숙하게 활용해야 이길 수 있다. 하지만 이 독특한 설정은 게임이 끝나면 함께 사라진다. 우리는 악수하고, 재대결을 결정하거나 다음 단계로 넘어간다. 일상을 지배하는 암울한 상황에서 벗어나 능동적으로 참여하고 표현하며 성장할 수 있는 생각의 틀을 제공하는 것이 바로 게임의 본질이다. 다시 말해, 능동적으로 참여하고 표현하며 성장하게 하는 게임의 본질에 따라 일상을 바라보면 암울한 생각의 틀에서 벗어날 수 있다.

직장 생활과 집안 전통을 게임으로 묘사한 이유는 두 가지 측면 때문이었다. 하나는 일상을 게임의 틀로 바라보면 생존에서 성장으로 배경이 즉시 전환되기 때문이고, 다른 하나는 우리가 하고 싶은 게임이 있으면 얼마든지 선택할 수 있다는 점 때문이다. 일상 활동을 게임으로 명명하면 통제에서 벗어나 주도권을 잡게 된다.

눈앞에 있는 게임의 상자를 자세히 살펴보라. 게임의 규칙이 당신의 삶을 밝혀주지 못한다면 당장 치워버려라. 그리고 더 나아 보이는 다른 상자를 가져와 새 판에서 전력을 다하면 된다. 기억하라. 모든 것은 만들어졌다.

연습: 기여자 되기

4장에서는 자신뿐 아니라 타인을 기여자로 만드는 연습을 할 것이다. 단계는 다음과 같다.

1. 당신 자신을 '기여자'라고 선언하라.
2. 변화를 만드는 사람이 되어 삶 속으로 뛰어 들어가라. 어떻게 변화를 만들어 내는지, 왜 변화를 만들어 내야 하는지 완벽하게 이해하지 못할 수도 있다는 사실을 받아들여라.

기여자 되기 게임은 '갈등'을 '경험'이라는 보상으로 바꿀 놀라운 힘을 가지고 있다.

관용의 두 세대

로저먼드: 어느 부부를 상담한 적이 있다. 둘은 기여자 되기 게임을 발견하기까지 아주 음울한 게임을 계속했다. 남편 로버트Robert와 아내 메리앤Marianne은 학술 분야에서 일했다. 둘은 돈이 부족해서 자주 말썽이 일어났다. 두 사람에게는 이미 대학에 입학한 자녀와 곧 대학에 들어갈 자녀가 있었다. 아무리 완벽하게 지출 계획을 세워도 세금 납부 시기가 돌아오면 늘 쪼들렸다.

메리앤의 어머니는 꽤 부유했지만 청교도의 검약 정신을 따르며 늘 자녀들에게 재정 독립을 강조했다. 매년 4월이 되면 메리앤은 (그의 표현에 따르자면) 모자란 비용을 충당하기 위해 어머니를 찾아가 굽실거리듯 부탁하곤 했다고 한다. 그때마다 어머니는 계획에 맞춰 살지 못한 것을 훈계하며 마지못해 돈을 주었다고 한다.

메리앤과 상담을 시작한 지 6개월쯤 되었을 때 세금 납부일이 다가왔다. 메리앤은 나에게 매년 어머니를 찾아가기 두렵다고 고백했다. 이번에는 2,000달러를 부탁해야 한다고 했다. 이 비용은 현재 상황을 타개하는 데 필요한 최소한의 금액이었다. 메리앤은 이 지경까지 이르게 한 자신은 물론 부탁하는 것을 어렵게 만든 어머니에게도 화가 나 있었다. 딸들은 전전긍긍하며 사는데 어머니는 저토록 많은 돈으로 여유롭게 산다는 사실이 억울하다고 했다. 나는 기여자 되기 게임의 관점에서 메리앤이 처한 어려움이 무엇인지 생각했다. 나는 메리앤에게 물었다.

"어머니는 딸이 울며 돈을 구걸하는 걸 좋아할까요?"

"어머니는 2,000달러를 받고도 여전히 전전긍긍하며 사는 당신의 모습에 흡족해할까요?"

메리앤은 고개를 저었다. 그리고 눈물을 닦고 고개를 들었다.

"이전과 달라지기 위해 필요한 총액은 얼마인가요? 그 액수가 당신과 가족을 안락하게 하고 미래를 계획하는 데에도 도움이 될까요?"

메리앤은 대답하려 애썼다. 메리앤의 얼굴을 밝혀준 총액은 원래 요청하려던 금액의 20배에 달했다.

나는 메리앤에게 어머니가 그 돈을 주면 딸과 그 가족의 안녕에 어떤 기여를 하는지, 더 중요하게는 재정 위기에서 벗어난 딸로서 어머니의 삶에 어떻게 기여할 수 있을지 생각해 보라고 말했다. 메리앤은 쉽게 관점을 바꾸지 못했다. 자신을 가족 전체를 돕는 기여자로 생각하는 것 자체가 쉽지 않았다. 이것이 바로 메리앤의 도전 과제였다.

메리앤은 위험을 감수했다. 메리앤은 주말에 어머니를 만나러 갔다. 자신과 가족을 위해서 어머니에게 자신이 꿈꾸던 삶을 향한 열정을 보여주리라고 결심했다. 어머니에게 그것을 실현할 기회를 주는 것이 모두를 위한 일이라는 사실을 말하려고 했다.

"어떻게 되었나요?"

나는 메리앤을 만나 물었지만 이미 메리앤의 행동에서 그 대답을 알고 있었다. 메리앤은 성인이 된 후 최고의 시간이었다고 했다. 메리앤의 어머니는 딸에게 긍정적인 영향을 끼칠 기회를 단번에 승낙했다.

"이건 이야기의 일부일 뿐이고요. 제가 집에 돌아왔을 때, 자동 응답기에 메시지가 남겨져 있더군요. 모두 제 여동생들이 남긴 메시지였어요. 도대체 어머니에게 무슨 말을 했느냐며 궁금해했어요. 어머니가 난데없이 자매 모두에게 똑같은 금액을 보내주셨던 거예요!"

기여자 되기 게임을 하면 정체성과 소유의 개념을 넘어서는 변화를 경험한다. 측정의 세계가 구분해 놓은 정체성과 소유의 경계를 허물고 새로운 판이 열리는 것이다. 다시 말해 '결핍'이라는 빽빽한 구조가 '풍부함'이라는 널찍한 구조로 재배열된다.

연못의 잔물결처럼

벤저민: 직장을 성공을 위한 장소가 아닌 기여할 수 있는 장소로 재정의한 건 즐거운 경험이었다. 그 후 나는 음악원 학생들에게 이 게임을 소개할 방법을 생각하기 시작했다. 나는 그해 첫 수업 시간에 A 학점 받고 편지 쓰기 외에 다른 과제를 추가했다. 나는 학생들에게 지난주 동안 자신이 얼마나 다양한 기여를 했는지 적어보게 했다. 그들은 당연히 내가 음악적 성취를 묻는 것이라고 생각했다. 하지만 나는 기여라고 부를 만한 모든 행동과 말을 적어야 한다고 설명했다. 예를 들어 할머니가 길을 건너게 도와준 일이라든지, 남자 친구의 실수를 바로잡아 준 일 같은 것을 쓰라고 했다.

학생들은 자신을 바라보는 관점에 놀라운 변화를 경험했다. 이 연습을 할 때는 자신이 연주 연습을 얼마나 하지 않았는지, 얼마나 무책임하거나 불친절하게 행동했는지 말하지 않아도 된다. 그저 기여의 관점에서 자신을 묘사하기만 하면 된다. 한 주 동안 자신이 얼마나 기여할 수 있는 사람인지 알아채기만 하면 된다. 그와 관련된 어떤 일도 하지 말고 그저 알아채기만 하면 된다. 그러고 다음 수업 시간에 이야기를 나눈 후, 다음 한 주 속에 자신을 기여자로 던져놓는다. 마치 연못 표면에 잔물결이 퍼지듯 자신이 하는 모든 일이 잔물결을 일으켜 수평선 너머로 번져간다는 상상을 하면서 말이다.

　기여자 되기 연습에는 심리학적 요소가 포함되어 있다. 기여자 되기 연습은 악기의 연주 기술을 훈련하는 것처럼 정신을 단련하는 훈련이다. 위대한 연주자가 되기 위해서는 무대 공포증에 사로잡히면 안 된다. 기여자 되기 연습을 한다면 자동차를 잘 굴러가게 하는 윤활유처럼 연주자도 요하네스 브람스Johannes Brahms나 루트비히 베토벤Ludwig Beethoven의 메시지를 효과적으로 전달하는 기여자가 될 수 있다.

　"여러분이 피아니스트인데 쇼팽의 〈E단조 전주곡E-Minor Prelude〉을 들어본 적도 없는 사람을 만났다고 상상해 봅시다. 그 사람과 피아노 앞에 앉아 이렇게 말하고 싶겠죠. '오른손이 연주하는 주제를 들어보세요. 이 주제 속에서 네 마디가 어떤 패턴으로 묶이는지 살펴보세요. 멜로디가 한 음씩 내려가는 게 들리죠? 계속해서 변하는 왼쪽 손의 화음도 들어보세요. 멜로디에 따라 화음이 어떻게 변하며 울리는지도 보세요……' 이렇게 음악을 공유하며 설명하는 데에 푹 빠져 있는데 긴장할 여력이 있을까요? 물론 없죠! 긴장할 틈이 없습니다. 공연 중에는 바로 이런 자세를 가져야 합니다. 음악의 아름다움과 예술성 자체에 집중해야 합니다."

　뉴잉글랜드 음악원 학생이었던 레이철 머서Rachel Mercer는 학기를 마친 후 나에게 이런 편지를 썼다.

저는 이제 가능성을 활용할 수 있습니다. 저의 모든 행동이 세상에 영향을 미칩니다. 영감과 행복이 파도를 일으켜 주위에 가득 흘러넘칩니다. 저는 가능성의 우주 속으로 들어갔습니다. 음악은 단순히 손가락이나 활, 현에 관한 게 아닙니다. 음악은 모든 사람을 통과해서 흐르는 심장 박동과 같은 울림입니다. 음악의 울림이 보이지 않는 실타래를 타고 잘 흘러갈 수 있도록 돕는 게 저의 일이자 목표가 되었습니다.

자신과 타인을 기여자라고 부르면 자기중심적 태도에서 관계 중심 태도로 전환할 수 있다. 여기에서 차이가 만들어진다. 기여자 되기 게임에서 얻는 보상은 성공 게임에서 축적한 돈과 명예, 권력이라는 보상처럼 예상 가능한 것은 아니다. 하지만 기여자 되기 게임의 보상은 더 깊고 오래간다. 그리고 어떤 보상을 얻게 될지는 뚜껑을 열어보기 전까지 아무도 모른다.

세라의 이동

벤저민: 내 강연을 들은 어느 젊은 여성이 내게 전화를 걸었다. 그녀는 근처 유대인 노인 요양 시설 거주자를 대상으로 강연을 해달라고 했다. 다이어리를 확인하니 마침 그날 오후가 비어 있

었다. 하지만 그 주간에는 주말 콘서트를 포함한 다른 프로젝트로 스케줄이 꽉 차 있었다. 여기에 강연을 더한다는 건 어리석은 짓이었다. 하지만 비슷한 시설에서 숨을 거둔 아버지가 생각나서 초대에 응했다.

어느새 강연 날이 되었다. 예상보다 더 심한 압박감이 나를 괴롭혔다. 나는 그날 아침에 워싱턴에서 비행기를 타고 보스턴에 막 도착했고, 준비해야 할 강의와 수업, 콘서트가 많았다. 가뜩이나 할 일이 많은데 소중한 시간을 그곳에서 보내고 싶지 않았다. 약속을 취소하려고 연락했지만 젊은 여성은 실망감을 내비쳤다. 나는 아버지가 다시 생각나 하는 수 없이 일정을 진행하기로 했다. 단 3시 정각에 끝내는 것을 조건으로 걸었다. 강연은 2시에 예정되어 있었다.

2시 10분 전, 나는 다소 거무칙칙한 강연장에 도착했다. 강연장에는 사람이 한 명밖에 없었다. 나는 자신을 세라Sarah라고 밝힌 여성과 잠시 이야기를 나누었다. 나는 세라에게 더 앞으로 와서 앉으라고 말했다.

"난 항상 여기에 앉아요."

세라는 이렇게 말하며 좀처럼 움직일 생각을 하지 않았다. 나는 부드럽게 말하며 세라의 도전 의식을 자극했다.

"혹시 압니까? 자리를 바꾸면 오늘 뭔가 새로운 일이 벌어질지도 모르잖아요."

"말도 안 돼요. 이 나이에? 난 여든세 살이라오!"

세라는 내 도전에 이렇게 응하더니 곧 자리에서 일어났다. 그러고 내가 잘못되었다는 게 곧 증명될 거라는 듯 다섯 번째 줄에서 네 번째 줄로 이동했다. 나는 사람들이 더 오지 않을 확률을 생각해 봤다. 이렇게 세라와 이야기하려고 급한 일을 제쳐두고 여기까지 왔나 하는 생각이 들었다. 하지만 점점 사람들이 모이기 시작하더니 어느새 남은 좌석이 찼다. 2시가 되기가 무섭게 상당수의 사람이 모였다. 알고 보니 세라는 이 안에서 제일 나이 많은 사람이 아니었다. 나이가 103세인 사람도 있었다. 강연 주제는 '새로운 가능성'이었다.

나는 많은 이야기를 했다. 대부분 아버지에 관한 이야기였다. 아버지는 시각을 완전히 잃었는데도 구세대의 품위와 가치를 끝까지 유지했다. 그리고 극도로 고통스러운 경험을 감내하며 살았다. 제1차 세계대전에 보병으로 참전했고, 1938년 극심한 고민 끝에 주저하던 어머니와 고모들을 남겨둔 채 우리 가족을 데리고 독일에서 영국으로 이주했다. 떠나기를 거부했던 어머니와 고모들은 강제수용소에서 눈을 감았다. 한때 아버지에게 왜 분노하지 않느냐고 물었다.

"사람은 억울함의 그늘에 있으면 충만한 삶을 살지 못한다고 깨달았기 때문이지."

아버지는 어떤 상황에서든 새로운 시각을 제시하는 데 탁월했기 때문에 노인 센터의 직원과 거주자들로부터 사랑을 받았다. 아버지는 "이 세상에 나쁜 날씨는 없다. 부적절한 복장만 있을 뿐"이라는 속담을 자주 언급했다. 돌아가시는 날까지 아버지는 패러다임을 전환하는 농담을 하려고 애썼다. 다른 신체 기능은 다 상실했지만 무언가를 듣고 재치 있게 말하는 능력만은 끝까지 유지했다. 주치의였던 남동생이 방에 들어와 자신의 존재를 알리자 아버지는 죽어가던 중에도 이렇게 말했다.

"내가 도울 일이 있을까?"

아버지는 이렇게 말하며 희미하게 웃어 보였다. 그 말이 아버지의 마지막 말이었다 해도 과언이 아니었다. 그날 저녁 아버지는 숨을 거두었다.

그날 오후 우리는 많은 이야기를 나누었다. 50명의 사람이 힘차게 웃고 노래하며 조금 전까지만 해도 칙칙했던 강당의 분위기를 환히 밝혔다. 우리는 나이 듦에 관한 가정에 반기를 들었고, 새로운 시작을 알렸다.

3시 반이 되었을 때, 나는 질문을 받았다. 많은 사람이 질문을 했다. 한 여성이 독일계 유대인의 진한 억양으로 물었다.

"왜 여기서 시간을 낭비해요? 재능 있는 젊은 양반이 왜 우리 같은 늙은이들과 시간을 낭비하나요?"

나는 적잖이 당황했지만 오늘 아침 일을 솔직하게 고백했다.

"하지만 그 후로 많은 일이 일어났어요."

그리고 강연 중 느낀 강한 유대감과 흥분, 평온함을 설명할 단어를 찾았다. 내 시선이 세라에게 머물렀다.

"제가 여기 도착했을 때 세라는 다섯 번째 줄에 앉아 있었어요. 하지만 지금은 네 번째 줄에 앉아 있죠!"

세라가 일어나 주먹을 들고선 외쳤다.

"이건 아무것도 아녜요! 시작에 불과하다고요!"

우리는 모두 박수를 치기 시작했고, 박수를 치고 또 치고 또 쳤다. 이는 세라를 위한 것 그 이상이었다. 우리는 그저 살아 있음에 기뻐 박수를 치고 있었다.

강당에서 걸어 나오면서 시계를 보니 시곗바늘은 3시 50분을 가리키고 있었다. 구름 위를 걷는 듯했고 여유가 넘쳐흘렀다. 그 야말로 가능성을 퍼뜨린 경험이었다.

그 후에 아버지가 들려준 우화가 떠올랐다. 우리의 이해 능력이 제한적이기에 온 우주가 우리 안에 숨겨놓은 선물의 참뜻을 알지 못한다는 내용이다.

네 젊은이가 죽어가는 아버지 옆에 둘러앉아 있다. 늙은 아버지는 농장에 엄청난 보물이 묻혀 있다고 말하며 숨을 거둔다. 아들들은 아버지에게 바짝 모여들어 "어디에요? 어디?"라고 울부짖었지만 때는 이미 늦었다. 장례식을 치르고 시간이 한참 지난 후, 아들들은 곡괭이와 삽을 들고 땅을 파헤친다. 농장 한쪽에서 반대편 끝까지 땅 전체를 깊게 파고 또 판다. 아들들은 아무것도 찾지 못해 잔뜩 실망한 채로 수색을 멈춘다. 다음 계절이 도래하자 농장에서는 전에 없던 최고의 수확을 거둬들였다.

5장

누구나 리더가 될 수 있다

벤저민: 지휘자는 자신의 공연을 향한 대중의 특별한 관심에 쉽게 현혹된다. 따라서 자신을 우월한 존재로 착각하기 쉽다. 거의 신화적인 마에스트로Maestro였던 헤르베르트 폰 카라얀Herbert von Karajan에 관한 유명한 일화가 있다. 카라얀이 오페라 하우스 공연을 마치고 나와 택시 기사에게 "빨리요, 빨리!"라고 말했다. 택시 기사가 "네, 손님. 어디로 모실까요?"라고 묻자 카라얀이 대답했다.

"어디든 상관없어요. 모두가 나를 필요로 하니까요!"

오케스트라 단원은 위대한 지휘자에게 관대하다. 놀라운 예술적 안목을 지닌 지휘자라면 개인적인 일탈쯤이야 중요한 공연

전에 눈감아 줄 수 있다고 여긴다. 하지만 자신이 우월하다고 믿는 리더는 자신의 비전을 실행해 줄 사람들을 억압하려는 경향이 있다.

청중에게 마법사와도 같은 인물인 지휘자는 그 자리가 선사하는 신비한 존재감에 쉽게 도취한다. 또 기업들은 지휘자의 리더십에 흥미를 갖고, 오케스트라 연주자들은 이 사실이 낯설다. 리더십 관련해서 오케스트라가 자주 언급되는 이유는 문명사회에서 지휘자라는 직업이 전체주의의 최후의 보루와도 같기 때문이다.

이탈리아의 위대한 마에스트로인 아르투로 토스카니니$^{Arturo\ Toscanini}$의 유명한 일화가 있다. 권위주의적이고 걸핏하면 화를 내는 그의 성격은 탁월한 음악적 기교만큼이나 많이 거론되곤 한다. 토스카니니는 어느 날 리허설 도중에 화가 나서 베이스 파트의 오랜 단원을 해고해 버렸다. 그 단원은 집으로 돌아가 아내에게 해고 사실을 알려야 할 판이었다. 단원은 떠나기 전, 악기를 정리하면서 마음속에 품고 있던 몇 가지를 언급하며 이렇게 외쳤다.

"당신은 쓰레기야!"

연주자가 감히 자신의 권위에 도전할 줄 생각도 못 했던 토스카니니는 이렇게 맞받아쳤다.

"사과하기엔 이미 늦었어!"

지휘자가 이런 식으로 오케스트라를 장악하는 일은 50년 전만 해도 흔했다. 물론 오늘날에는 그 정도가 줄어들었지만 음악계에서 나타나는 자만심과 독재적인 행태는 여전하다. 제멋대로인 지휘자와 매정한 관리자, 과도하게 예민한 협회 사이에 낀 오케스트라 단원들의 힘없고 순종적인 모습을 심심치 않게 볼 수 있다. 최근 다양한 직업군을 대상으로 한 만족도 조사에서 오케스트라 단원은 교도관 바로 다음 순위였다.[7]

지휘를 시작한 지 거의 20년이 되었을 때, 소리를 내는 건 지휘자가 아니라는 생각이 불현듯 들었다. 오케스트라에서 주인공은 지휘자인 것 같지만 사실 지휘자의 진짜 힘은 다른 사람에게 힘을 실어주는 능력에서 나온다. 그때 나는 '내가 얼마나 훌륭한가?'라는 질문 대신 '어떻게 하면 이 오케스트라를 활기차고 적극적으로 바꿀 수 있을까?'라고 질문했다. 이렇게 '조용한 지휘자'의 관점을 취하자 지휘가 확연히 달라졌다. 연주자들은 내게 질문하기 시작했다.

"무슨 일이 생겼나요?"

이전의 나는 청중이 나의 곡 해석을 얼마나 높이 평가하는가에 관심을 쏟았다. 더 솔직히 말하면 비평가들이 내 해석을 얼마

---

[7] Paul R. Judy, "Life and Work in Symphony Orchestras: An Interview with J. Richard Hackman," *Harmony: Forum of the Symphony Orchestra Institute*, vol. 2 (April 1996), 4.

나 마음에 들어 하는지가 중요했다. 그래야 더 큰 성공과 기회를 얻을 수 있기 때문이었다. 그리고 내 해석대로 작품을 끌고 가기 위해서는 연주자들을 장악해야 한다고 생각했다. 따라서 단원들에게 내 해석을 가르치고, 내 음악적 의도를 충실히 따르도록 종용했다.

하지만 이제는 '발견'의 관점에 따라, 어떻게 하면 연주자들이 각 구절을 최대한 아름답게 표현할지에 관심을 돌렸다. 지휘자가 절대적인 권위를 갖는다고 생각했을 때는 이런 고민을 거의 하지 않았다. 그때는 한마디로 연주자들을 내 의도를 실현할 도구로 여겼다.

연주자들의 잠재력을 끌어내려는 나의 방식을 당사자들이 어떻게 생각하는지는 어떻게 알 수 있을까? 눈을 보면 많은 것을 알 수 있다. 눈은 거짓말을 하지 않으니까. 동시에 나는 연주자의 자세와 전체적인 행동을 보며 스스로 질문했다.

"이 사람들은 적극적으로 참여하는가?"

하지만 어느 시점이 되자 더 많은 정보가 필요해졌다. 관계가 더 깊어질 필요가 있었다. 붐비는 연습실 안에서 마주치는 눈빛만으로는 부족했다. 나는 단원들이 직접 말해주길 바랐다. 하지만 연습 때마다 100명에 이르는 연주자와 말을 일일이 주고받는 것은 터무니없는 짓이었다. 그런 선례도 없었다. 전통적으로 오케스트라 리허설에서 구두 소통은 지휘자가 연주자에게 전달하지 그 반대 방향으로는 거의 이루어지지 않았다. 지휘자에게 전하고 싶은 말은 일부 주요 연주자, 특히 콘서트마스터Concertmaster(오케스트라에서 제1바이올린 파트의 수석 주자로 오케스트라 전체의 리더 역할을 하기도 한다. - 옮긴이)를 통해서만 전달되었고, 그마저도 대부분은 겸손하게(때로는 몰래 조롱을 담아) "마에스트로……" 하고 입을 열었다.

또 리허설 시 연주자들이 지휘자에게 하는 모든 말은 질문의 형식을 띤다. 사실이나 의견을 진술할 때도 마찬가지다. 시모어 러빈Seymour Levine과 로버트 러빈Robert Levine은 잡지 〈하모니Harmony〉 기고문에서 다음과 같이 적었다.

> 한번은 미국 유명 오케스트라의 제1클라리네티스트가 음표 위의 점을 두고 지휘자에게 물었다.
> "짧게 연주할까요? 아니면 관악기처럼 연주할까요?"
> 일반적으로 음표 위에 있는 점은 짧게 연주하라는 표시다. 질문으로 위장된 이 질문은 관악기 연주자들을 무시하는 다른 연주자들과 이 문제를 알아차리지 못한 지휘자를 꾸짖는 말이었다. 하지만 전능한 지휘자라는 신적인 존재를 상대할 수 있는 말은 질문뿐이다. 이런 상황에서 연주자가 전능한 존재에게 어떻게 정보를 제대로 제공하겠는가? 연주자는 신적인

존재이자 지식의 원천인 지휘자로부터 도움을 받을 수는 있지만 그에게 정보를 더하는 일은 꿈도 못 꾸게 되어 있다.[8]

한때 필하모니아 오케스트라와 말러의 〈교향곡 제6번Sixth Symphony〉을 연습하면서 연주자들에게 사과하는 버릇을 들였다. 어떤 구절을 연주한 후 나는 소리쳤다.

"카우벨Cowbells(타악기의 일종. 알프스 지방의 소 머리에 붙은 방울과 형태와 음이 비슷한 데서 이 명칭이 비롯되었다. -옮긴이), 이 부분에 안 들어왔잖아요!"

몇 분 후, 나는 카우벨이 해당 부분에서 원래 연주를 하지 않는다는 사실을 깨달았다. 그래서 타악기 파트 쪽으로 소리쳤다.

"미안해요. 도입부를 착각했어요. 연주하지 않는 게 맞아요."

리허설 후, 자그마치 세 명의 연주자가 각각 나를 찾아와 자신의 잘못을 인정하는 지휘자는 처음이라고 말하는 바람에 나는 깜짝 놀랐다. 한 연주자는 지휘자가 실수를 해놓고 (아무도 눈치채지 못했을 거라고 믿으며) 단원들에게 화를 내고 비난할 때마다 얼마나 기가 꺾이는지를 말해주었다. 내가 만난 기업 임원과 매니저 들도 이러한 계급 구조가 존재하는 곳이 비단 오케스트라

---

8   Seymour Levine and Robert Levine, "Why They Are Not Smiling," *Harmony* vol. 2 (April 1996): 18.

만이 아니라고 알려주었다.

그래서 나는 단원들의 악보대 위에 백지를 한 장씩 올려놓았다. 단원들에게 더 아름다운 음악을 연주할 방법이 있다면 적어 달라고 했다. 조언이든 관찰한 내용이든 어떤 말이라도 괜찮다고 했다. 처음에는 비판받을 각오를 했지만 백지 위에는 비판적인 반응이 거의 없었다.

처음에 연주자들은 습관적으로 가벼운 문제에만 국한해서 의견을 적었다. 예를 들어 각 파트보(합주 시 담당 악기의 파트만 인쇄한 악보 - 옮긴이)와 총보(지휘자가 보는, 모든 악기 파트가 인쇄된 전체 악보 - 옮긴이)가 일치하는지와 같은 말만 적었다. 하지만 시간이 지나면서 연주자들은 자신의 말을 진심으로 들으려는 나를 신뢰했고, 나를 지지하기 시작했다. 단순히 나의 권위나 자존심을 북돋워 주는 게 아니라 곡의 잠재력을 온전히 실현하기 위한 통로로 나의 역할을 인정했다. 이제 '흰 종이'는 익숙한 문화가 되었다. 내가 정기적으로 지휘하는 모든 오케스트라가 이 방식을 받아들였다. 더 깊은 대화를 나누기 위한 이 의견지에는 지휘 방식이나 곡 해석에 관한 의견이 대부분이다. 예를 들면 곡의 느낌을 더 잘 살리기 위해 특정 악절을 4박보다는 2박으로 지휘해 달라고 부탁하는 걸 주저하지 않게 되었다.

곡 해석에 관한 깊은 통찰도 곧잘 적는다. 나는 이런 의견을 대부분 연주에 반영한다. 오케스트라에는 두말할 필요도 없이 위대한 예술가들이 많다. 어떤 연주자는 연주 중인 곡에 아주 익숙하거나 해박한 지식을 가지고 있다. 또 다른 연주자는 박자와 구조, 흐름, 주제를 월등히 꿰뚫는 통찰을 나눈다.

연주자의 아이디어를 적용한 악절이 나오면 나는 그 아이디어를 낸 연주자와 눈을 맞추려 애쓴다. 리허설 중에 몇 번이나 눈을 맞출 때도 있고, 심지어 공연 중에도 눈을 맞춘다. 이 순간은 마법처럼 그들의 순간이 된다.

"정말 크레셴도Crescendo(점점 세게 - 옮긴이)로 지휘하셨네요!"

콘서트가 끝난 후, 한 첼리스트가 자부심과 기쁨이 묻어난 얼굴로 믿을 수 없다는 듯 말했다. 그날 아침, 그는 최종 리허설 중 오케스트라가 안톤 브루크너Anton Bruckner의 웅장한 클라이맥스를 제대로 살리지 못하니 흰 종이에 크레셴도로 연주하면 어떻겠느냐는 의견을 남겼다.

내가 이제껏 만난 연주자 중 가장 천부적인 재능과 기량을 가진 비올리스트가 있다. 미국의 일류 오케스트라에서 수십 년 동안 자리를 지킨 겸손한 단원으로 이름은 유진 레너Eugene Lehner다. 그는 전설적인 현악 4중주단인 콜리슈 콰르텟Kolisch Quartet에서 비올라를 연주했다. 유진 레너는 줄리아드 현악 4중주단뿐 아니라 셀 수 없이 많은 합주단을 지도했다. 보스턴의 훌륭한 음악인들 중 많은 사람이 자신의 음악 인생에 중대한 영향을 끼친 인물로 유진 레너를 꼽는다. 나도 곡 해석 중 막히는 부분이 있을 때마다 그에게 얼마나 많은 조언을 얻었는지! 유진 레너의 눈부신 통찰 덕에 나 역시 음악에 눈을 뜨게 되었다.

하지만 보스턴 심포니 오케스트라The Boston Symphony Orchestra 지휘자 중 그에게 상담을 요청하거나 그가 가진 해박한 지식과 안목을 빌리려 한 지휘자가 있을까? 지휘자는 연주자에게 도움을 구하는 일은 상상도 못 할 일이라고 생각한다. 유진 레너를 일일 강사로 모신 어느 금요일 수업에서 나는 이 문제를 꺼냈다. 수업에 도움을 주려고 "선생님보다 아는 게 훨씬 적은 지휘자 밑에서 날마다 어떻게 버티십니까?"라고 물었다. 겸손함이 몸에 밴 그는 칭찬을 사양하며 이 문제에 관해 사실 할 말이 있다고 했다.

보스턴 심포니 오케스트라에서 연주하던 첫해의 어느 날이었어요. 세르게이 쿠세비츠키Sergei Kussevitzky가 요한 바흐Johann Bach의 곡을 지휘하고 있었지요. 쿠세비츠키는 자기 뜻대로 연주가 나오지 않아서 애를 먹고 있는 것 같았습니다. 간단히 말해 제대로 연주가 되지 않던 상황이었죠. 다행히 그의 친구인 프랑스 출신의 위대한 스승이자 지휘자 나디아 불랑제Nadia Boulanger가 마침 리허설을 방청하고 있었어요. 쿠세비츠키에게는 어색하고 당황스러운 상황에서 벗어날 구실이 생긴 거죠. 그는 나디아 불랑제에게 큰 소리로 말했어요.

"나디아, 여기 올라와서 지휘 좀 해주실래요? 뒤에 가서 어떤 소리가 나는지 들어보게요."

불랑제는 단상에 올라가 연주자들에게 몇 가지 의견을 말했고 곧 그 악절을 막힘없이 술술 지휘했어요. 그 후로, 저는 모든 리허설에서 지휘자가 이렇게 말해주길 기다렸답니다.

"레너, 여기 올라와서 지휘 좀 해줄래요? 뒤에 가서 어떤 소리가 나는지 들어보게요."

하지만 43년이 흐른 지금, 그런 부탁을 받을 기회는 점점 줄어드는 것 같아요. 그래도 그동안 제가 갑자기 지휘를 맡게 되었을 때 오케스트라에 무엇을 말해줄지 고민하느라 단 한 순간도 지루할 틈이 없었지요.

런던의 왕립음악대학Royal College of Music 오케스트라에 객원 지휘자로 있을 때, 나는 모든 연주자의 집중력과 참여를 최대치로 끌어내기 위해 (종종 하던 대로) 레너의 이야기를 들려주었다. 그리고 연습 도중, 처음부터 열정이 가득했던 제2바이올린 네 번째 연주자에게 말했다.

"존, 여기 올라와서 지휘 좀 해줄래요? 뒤에 가서 어떤 소리가 나는지 들어보게요."

그날 존은 평생의 소원을 이루었다고 종이에 써주었다. 순간, 오케스트라가 얼마나 많은 자원을 지녔는지가 눈앞에 펼쳐진 듯했다. 나는 다른 연주자에게도 똑같은 선물을 주고자 이 방법을 서둘러 실행했다. 어떤 연주자는 "이제껏 지휘자를 비판적으로 바라봤는데 지휘자의 역할이 악기를 연주하는 것 못지않게 힘들다는 사실을 깨달았습니다"라고 말했다. 또 다른 연주자는 지휘 연습을 통해 수동적인 참여자에서 레너처럼 적극적인 참여자로 바뀌었다고 말했다.

위대함을 얼마나 허용하는가

지휘자는 연주자의 정체성을 결정한다. 비록 처음 온 객원 지휘자라고 할지라도 기존 단원의 위치를 결정할 수 있다. 만약 기악 연주자의 무기력한 모습을 봤을 때 처음 온 지휘자는 그 사람을 원래 무기력한 사람이라고 단정할 수 있다. 반대로 연주자가 처음 가졌던 열정의 불꽃을 되살려 줄 수도 있다.

"이 사람들은 열정적인 본성을 억누른 채 오랜 시간 온전히 열중하지 못했어요. 주로 직업인으로서의 음악인에게는 과도한 경쟁에서 생기는 부담감이 그 원인입니다. 그들은 진정한 예술가로 받아들여지기를 원합니다."

눈앞에 있는 연주자를 싫증 난 연주자로 볼지, 음악을 사랑하는 아름다운 연주자로 볼지는 지휘자에게 달려 있다.

어떤 조직에서든 지도자가 중요하게 생각해야 할 질문은 "우리는 각자의 위대함을 기꺼이 인정할 것인가?"이다. 이 질문이 중요한 이유는 우리가 이끄는 사람을 어떤 사람으로 볼 것인지에 따라 결과가 많이 달라지기 때문이다. 리더십의 영역은 지휘자나 사장, CEO에만 국한되어 있지 않다. 연주자도 새로 온 지휘자를 도와 소통하며 모임에 활력을 불어넣을 수 있다. 마찬가지로 부모도 자녀가 기여하는 사람이 되도록 이끌 수 있다. 이것이야말로 최고의 리더십이다.

조용한 지휘자가 된다는 건 연주자의 열정과 헌신을 알아차리는 일이다. 연주자의 마음이 오케스트라에 가 있는지, 경영팀에 가 있는지, 그것도 아니면 자녀에게 가 있는지를 보는 것이다. 그렇다면 조용한 지휘자는 어떤 사람인가? 조용한 지휘자는 연주자의 눈으로 모든 것을 살핀다. 따라서 스스로 이런 질문을 한다. "내가 뭘 하고 있기에 저들이 빛나지 못하는가?"

지휘자는 연주자가 전하는 정보와 표현을 살피며 연주자의 열정에 말을 걸 수 있다. 그리고 그에게 지휘봉을 건넬 기회를 찾을 수도 있다.

저에게 오늘은 특별한 날입니다. 리더십이 단순히 책임감이 아니란 사실을 배웠기 때문입니다. 모두가 지도자가 될 필요는 없습니다. 하지만 리더십은 주위 사람에게 개개인이 빛나는 순간이 왜 중요한지를 깨닫게 해주는 재능이자, 빛나는 보화입니다. 이런 지도력은 눈과 목소리에서 나옵니다. 이것은 발끝에서부터 마치 노래처럼 서서히 울려 퍼져 마침내 우리를 끝없는 가능성으로 들썩이게 합니다. 당신이 사랑하는 것이 무엇이든 그것에 모든 마음을 다한다면 변화가 일어날 것입니다.

어맨다 버Amanda Burr, 월넛힐 예술학교Walnut Hill School 재학생

리더는 어디에나 있다

벤저민: 1999년 유스 필하모닉 오케스트라Youth Philharmonic Orchestra와 쿠바에 갔을 때, 우리는 쿠바의 내셔널 유스 오케스트라National Youth Orchestra(이후 '쿠바 오케스트라')와 아바나에서 두 곡을 협연하기로 했다. 미국에서 온 단원과 쿠바 쪽 단원은 서로 짝을 이루어 앉았다. 첫 연주곡은 쿠바 오케스트라의 걸출한 지휘자가 작곡한 곡으로, 휘황찬란한 쿠바식 전통 리듬이 섞여 있었다. 나는 우리 오케스트라 연주자들에게 이 곡을 미리 연습하라고 하지 않았다. 이 곡을 직접 작곡한 작곡가의 지휘 아래에서 연주해 볼, 흔치 않은 기회였기 때문이었다.

마에스트로 기도 로페스 가비얀Guido López-Gavilán의 지휘로 리

허설을 시작했다. 복잡한 쿠바의 리듬이 낯설었던 탓에 미국 학생의 연주는 사실상 물 건너간 게 분명해 보였다. 간단히 말해 곡 자체를 연주할 수 없었다. 가비얀은 자포자기해 버렸다. 그는 지휘대에서 말했다.

"미안하지만 이 곡은 연주할 수 없겠군요. 공연을 취소해야겠어요."

나에게는 있을 수 없는 일이었다. 이 공연은 어린 연주자들이 다른 파트너와 함께 연주해 볼 기회이자 이번 여행의 핵심이었다. 다시 생각해 보지도 않고 나는 바로 단상에 올라가 통역사를 통해 쿠바 연주자들에게 말했다.

"여러분은 옆에 있는 짝에게 이 곡의 리듬을 알려주세요."

미국 연주자들에게는 이렇게 말했다.

"옆에 있는 짝이 이끄는 대로 따라가세요. 여러분이 막히는 부분을 도와줄 겁니다."

그러고 나서 가비얀에게 다시 지휘해 보라고 말했다.

놀라운 일이 일어났다. 초점이 지휘자에게서 벗어나 옆 파트너에게 돌아갔다. 어느 연주자보다 더 풍부한 표현력을 갖추고 있던 쿠바 연주자들은 생동감과 에너지 가득한 열정으로 파트너를 이끌었다. 미국 연주자들은 파트너의 충분한 보살핌 속에서 리듬을 익히기 시작했다. 가비얀은 나 못지않게 기쁘고 놀라워하는 것처럼 보이더니 잘 진행될 것 같다며 나에게 고개를 끄덕여 보였다.

그다음 나의 차례가 왔다. 나는 오프닝으로 연주할 곡을 지휘하려고 일어났다. 극도로 어렵기로 유명한 레너드 번스타인Leonard Bernstein의 짧은 걸작, 〈캉디드Candide〉의 서곡이었다. 이 곡은 연주하기에 너무 까다로워서 이미 석 달 전에 악보를 전달했다. 쿠바 연주자들에게 준비할 시간을 주기 위해서였다. 리허설을 준비하던 중, 나는 쿠바 오케스트라의 리더에게 이 곡이 재미있었느냐고 지나가는 말로 물었다. 리더는 당황하며 말했다.

"저희는 이 곡을 본 적이 없는데요."

알고 보니 쿠바 우체국에서 악보를 발송하지 않은 상태였다.

나는 얼굴에서 핏기가 가시는 것을 느꼈다. 당황스러워서 어찌할 바를 몰랐다. 이 상황에서 이 곡을 연주하는 것 자체가 불가능했다. 우리 오케스트라도 이 곡을 완전히 익히는 데 몇 달이 걸렸다! 그때 나는 연주자들을 보았고 그들은 미소를 짓고 있었다. 그랬다! 조금 전까지 성공적이었던 연습 과정을 역할만 바꾸면 되었다! 이제는 미국 연주자들이 활발해졌다. 열성적으로 마디마디를 이끌었고 이는 완벽하게 진행되었다. 이번에도 역시 초점이 단상 위 지휘자가 아닌 오케스트라석 파트너에게 옮겨갔다. '작은 지휘자' 각자가 엄청난 열정을 뿜어내기 시작했다. 쿠바 연주자들도 이에 못지않게 적극적으로 따라갔다. 멀리 떨어져 있는 단상 위 인물이 지휘하는 것보다 훨씬 효과적이었다.

레너의 이야기처럼 작은 지휘자들의 이야기는 조용한 지휘자의 의미를 다시 강조한다. 지도자에게는 단상이 필요 없다. 그저 조용히 앉아 헌신하며 열성적으로 들어야 한다. 지휘봉을 넘겨줄 준비를 한 채로 말이다. 3장에 나오는 랍비 이야기에서처럼, 리더는 누구나 될 수 있다.

잰더 지휘자님께

종이에 처음으로 글을 써서 드립니다. 저는 항상 첼로 파트 앞줄에 앉아 있었습니다. 그러다가 뒷줄로 이동했을 때 마음이 너무 안 좋았습니다. 이 일은 오랜 세월 저를 괴롭혔습니다. 하지만 지휘자님과 9일 동안 연주하면서 오케스트라 연주자의 진정한 의미를 깨달았습니다. 지휘자님께서 비춰준 빛 덕에 자리와는 상관없이 첼로 파트를 빛낼 힘이 저에게 있다는 사실을 깨달았습니다. 열한 번째 자리에서도 공연을 이끌 수 있다고 믿게 되었습니다. 이 사실을 일깨워 주셔서 감사합니다. 이제 저는 제가 속한 모든 파트를 이끄는 사람이 되겠습니다. 자리와는 상관없이요.

조지나Georgina, 뉴질랜드 내셔널 유스 오케스트라New Zealand National Youth Orchestra 첼리스트

의지와 열정이 넘치는 한 남자의 이야기도 있다. 그는 유진 레너의 동료로 아무도 눈치채지 못하게 레너를 이끌어 주었다. 연주는 놀라웠다.

전설적인 4중주단 콜리슈 콰르텟은 곡을 통째로 외워서 연주하기로 유명했다. 연주 목록에는 아널드 쇤베르크Arnold Schönberg와 안톤 베베른Anton Webern, 벨러 버르토크Béla Bartók, 알반 베르크Alban Berg의 곡 등 극도로 복잡한 현대 음악 작품도 포함되어 있었다. 유진 레너는 1930년대에 콜리슈 콰르텟에서 비올라를 연주했다. 레너가 들려주는 그들의 놀라운 공연 이야기에는 종종 연주자가 기억을 잃어버리는 아찔한 순간이 포함되어 있었다. 악보대가 방해하지 않으니 동료 간 친밀감을 더 쌓을 수 있었지만, 실수를 하지 않은 공연을 찾기 힘들 정도라고 고백한다. 그들이 공연마다 발휘했던 집중력과 존재감, 주의력은 가늠하기 어려울 정도로 대단했다. 하지만 한 공연에서 그들의 벼랑 끝 전술을 능가하는 사건이 발생했다고 한다.

베토벤 〈현악 4중주 Op. 95 String Quartet Op. 95〉에서 느린 악장을 연주하던 중, 레너는 솔로 파트 직전에 설명할 수 없는 망각 증상을 겪었다고 한다. 심지어 전혀 실수한 적이 없는 부분이었다. 레너는 말 그대로 정신을 깜박했다. 하지만 이 곡은 차질 없이 연주되었고, 레너의 솔로 파트는 풍성한 소리로 채워졌다. 해당 솔로 파트가 연주되었을 때, 제1바이올리니스트였던 루돌프 콜리슈Rudolph Kolisch와 첼리스트 베나르 하이페츠Benar Heifetz조차 눈을 감고 깊이 몰두했다. 레너가 빠져버린 사실을 인지하지 못할 정도였다. 제2바이올리니스트였던 펠릭스 쿠너Felix Khuner가 레너의 멜로디를 연주했다. 레너의 비올라가 등장해야 할 타이밍에 쿠너가 연주를 한 것이다. 음은 완벽했고, 쿠너의 바이올린에서는 비올라를 5도 높게 조율한 것 같은 음색이 나왔다. 레너는 너무 놀란 나머지 공연 후 쿠너에게 자신의 상태를 어떻게 알고 그렇게 연주했는지 물었다. 쿠너는 어깨를 으쓱하며 말했다.

"자네의 중지가 엉뚱한 줄 위에 올라가 있더군. 그래서 기억이 안 나나 보다 생각했지."

6장

규칙 제6조

두 수상이 국정을 논의하며 앉아 있었다. 갑자기 한 남자가 머리끝까지 화가 난 상태로 불쑥 들어오더니 소리치고, 발을 구르고, 주먹으로 책상을 쿵쿵 쳤다. 한 수상이 그를 꾸짖으며 "피터 Peter, 규칙 제6조를 좀 기억하게!"라고 말했다. 그 말을 듣자마자 피터는 마음을 가라앉혔고, 사과를 하고 물러났다.

두 수상이 대화를 재개한 지 20분 만에 이번에는 이성을 잃은 한 여성이 머리카락을 흩날리며 격하게 손짓했다. 수상은 이번에도 "마리 Marie, 규칙 제6조를 기억하세요"라고 말했다. 여성도 이내 잠잠해지더니 사과를 했다. 여성은 인사를 하고 밖으로 나갔다. 비슷한 상황이 세 번이나 반복되자 초대받은 수상이 한마디 했다.

"살면서 이 같은 일을 많이 겪었는데 이번만큼 놀라운 일은 없었습니다. 나에게도 규칙 제6조를 알려줄 수 있겠습니까?"
초대한 수상이 말했다.
"간단합니다. 규칙 제6조는 '제발 좀 심각하지 말기'입니다."
"아, 참 괜찮은 규칙이군요."
초대받은 수상은 골똘히 생각하더니 다시 물었다.
"그렇다면 다른 규칙은 무엇입니까?"
"다른 규칙은 없습니다."

벤저민: 나는 다양한 자리에 초대를 받아 리더십 강의를 한다. 어느 날 유럽에 있는 한 회사 간부를 대상으로 한 강연에서 '규칙 제6조' 이야기를 해주었다. 몇 달 후, 다시 그 도시를 방문할 일이 있어 본사에 들렀는데 사장에게서 초대를 받았다. 사장실 테이블 위에는 '규칙 제6조를 기억하라'라고 적힌 명패가 사장 쪽으로 놓여 있었다. 나는 매우 놀랐다.

사장은 모든 매니저의 책상 위에도 같은 명패를, 심지어 양방향에서 보이도록 놓아두었다고 말했다. 그는 이 단순한 행위 덕에 회사에 협동하는 분위기가 생겼다고 덧붙였다.

6장에서는 '가벼워지기'를 연습할 것이다. 당신이 먼저 가벼워지면 주위 사람도 덩달아 가벼워질 것이다. 단 앞에서 언급한 회사처럼 그룹이 자발적으로 가벼워지기로 한 게 아니라면 상대에게 심각해지지 말라고 조언하면 안 된다. 물론 긴장 상황 속에서 동지애를 형성하기 위해 농담으로 이 말을 던질 수는 있다. 유머와 웃음은 자신을 극복할 수 있는 최고의 방법일지도 모른다.

유머는 우리를 한데 묶어서 피할 수 없는 약점과 혼란, 의사소통의 오류에서 벗어나게 한다. 특히 스스로 자격이 있다고 여겨 남에게 무리한 요구를 하거나, 남을 깔보거나, 서로를 공격하는 행동에서 빠져나오게 하는 데 효과적이다.

친애하는 지휘자님께

지휘자님은 제게 유머의 여러 기능을 가르쳐 주셨습니다. 유머는 다른 사람을 편안하게 하고, 힘을 북돋워 주며 기분을 상쾌하게 해줍니다. 12월 무렵 공연 연습을 했던 기억이 떠오르네요. 그때 우리는 버르토크의 <관현악을 위한 협주곡Concerto for Orchestra>을 준비하고 있었지요. 연습은 순조롭지 못했습니다. 연습 날 아침 저희는 모두 시험을 치른 상태였어요. 오후에는 다른 연습과 레슨이 추가로 예정되어 있었고요. 한마디로 정신적으로 기진맥진한 상태였습니다. 계속해서 음과 박자를 맞추지 못했죠. 지휘자님은 "바로 2악장으로 넘어가세요. 실수하지 마세요!"라고 말씀하셨죠. 다른 사람은 어땠는지 몰라도 저는 잔뜩 긴장해 있었고, 어디 쥐구멍이라도 있으면 숨고 싶었어요. 그때 지휘자님도 눈치채셨던 게 분명합니다. 이렇게 말씀하셨잖아요.

"실수하면 300킬로그램짜리 소가 머리 위로 떨어질 겁니다!"

지휘자님 입에서 전혀 예상 못 한 말이 나오기도 했거니와, 그 이미지가 떠올라서 우리는 모두 웃기 시작했습니다. 그때 모든 것이 좋아졌어요. 버르토크의 곡도 마찬가지였고요. 소라는 단어만큼 효과적으로 긴장을 풀어줄 수 있는 것은 없었을 거예요.

케이트 베넷 Kate Bennett, 유스 필하모닉 오케스트라
전 멤버에게 받은 마지막 '흰 종이'

규칙 제6조를 기억하면 측정의 세계 속 경쟁적인 분위기가 만들어 낸 자아를 구별할 수 있다. 그러면 우리는 측정의 세계로부터 자신을 조금 분리할 수 있게 된다. 편의를 위해 이제부터 측정의 세계가 만들어 낸 우리의 자아를 '계산하는 자아 Calculating Self'라고 부르겠다. 앞서 살펴보았듯 계산하는 자아는 우리를 계속 심각한 상태에 빠지도록 유혹한다. 규칙 제6조를 연습하면 계산하는 자아가 가벼워지도록 유도할 수 있다. 그러다 보면 자연스레 계산하는 자아의 속박에서 벗어날 수 있다.

계산하는 자아

계산하는 자아는 결핍의 세계에서 생존을 최우선으로 여긴다. 앞 이야기에 등장한 피터와 마리처럼 계산하는 자아는 울부짖으며 자신의 존재를 표현하려 한다. 그러곤 새침한 미소를 짓거나 발을 쾅쾅 구르면서 "저에게 주목해 주세요"라고 말한다.

아이는 모두의 관심을 끌도록 고안된 존재다. 자신이 조금이라도 잊히거나 사소한 존재로 강등되었다는 사실을 아는 순간 경고음을 울린다. 아이에게는 강하고 유능한 사람의 관심과 돌봄이 필요하다. 자연은 아이에게 두려움과 공격성을 주어 생존을 돕는 존재를 강하게 붙들게 한다. 아이는 관계를 통해 어디에 힘이 있는지, 자신이 받아들여지기 위해서 무엇을 해야 하는지를 배운다. 아이에게 자신의 지위를 조절하고 다른 이에게 주목을 받는 능력은 평범한 어른이 평소 필요로 하는 것보다 훨씬 중요하다.

매사추세츠 공과대학Massachusetts Institute of Technology 뇌인지과학과Department of Brain and Cognitive Sciences에서 연구하던 학자 프랭크 설로웨이Frank Sulloway는 '성격'이란 '어린 시절을 살아서 빠져나오기 위한 전략'이라고 말했다.[9] 가족 안에서 아이는 특정 성격을

---

9   Frank Sulloway, *Born to Rebel* (New York: Pantheon Books, 1996), 353.

발전시켜 '이기는 법'을 터득한다. 그리고 이런 방식과 관심, 중요도를 기준으로 가족 내에서 자신의 영역을 설정한다. 어떤 아이는 사교적이고 활발한 아이로 자랄 수 있다. 또 어떤 아이는 조용하고 사려 깊은 아이가 될 수 있다. 하지만 둘 다 목표는 같다. 가족과 사회 안에서 안전하고도 눈에 띄는 역할을 차지해 생존하는 것. 불안은 아이의 행동을 조절할 뿐 아니라 위치가 강등되거나, 관심을 받지 못하거나, 무언가를 잃을지도 모를 상황에 부닥치면 위험을 알리게 한다.

 아이의 생존 메커니즘은 동물 새끼들의 생존 메커니즘과 공통점이 많다. 차이점은 어린이는 자신을 아는 법을 배운다는 점이다. 아이는 언어라는 매개체를 통해 성장하고, 아주 긴 시간 사고할 수 있다. 그리고 자신이 인식한 성격을 자신으로 규정한다. 바꾸어 말하면 어린 시절을 무사히 벗어나게 한 행동 패턴과 사고 습관을 통틀어 자신으로 규정한다. 이 세트, 즉 행동 패턴과 사고 습관이 자라서 소위 계산하는 자아가 된다. 인간의 유년기는 길기 때문에 긴 시간 동안 자신을 규정했던 행동과 생각 습관이 성인이 되어서도 지속된다. 더는 쓸모가 없어졌는데도 남아 있을 수 있다.

 어른의 자아가 아무리 자신감이 넘치고 유능하다 해도 표면 아래에서는 자신을 여전히 약하고 사소한 존재로 여기며, 모든 것을 잃을까 봐 불안해한다. 어린 시절 환경에 적응하는 데 필요했던 '지위를 향한 경각심'은 성인이 된 이후에도 작동한다. 이는 개인의 삶뿐 아니라 인류의 역사에서 공통적으로 발견된다. 그리고 이 경각심은 계속해서 더 높이 올라가야 한다고 말한다. 다른 사람을 쫓아내고 그 자리에 들어갈 방법을 찾으라고 계속 신호를 보낸다. 이 방법은 사람과 집단마다 다르며 개념적으로도 차이를 보이기는 한다. 하지만 아무리 오랜 시간이 흘렀다고 해도 어린 시절 겪었던 위험의 신호를 조금이라도 포착하면 우리 안의 경계 시스템은 생존하기 위해 위험성을 부풀린다.

우리는 이 책에서 계산하는 자아를 '미궁에 빠진 사다리'에 비유한다. 여기서 '사다리'는 '끊임없이 전진하고, 성공을 추구하며, 사회 계층 속에서 자신의 자리를 확보해야 하는 것이 삶이라고 믿는 세계관'을 상징한다. 그리고 '미궁'은 '사람과 환경을 통제하려고 할수록 더 미끄러져 내려가는 상황'을 나타낸다. 특히 미궁 때문에 누군가와 갈등을 겪을 때, 우리는 갈등을 해결하기보다 까다로운 사람을 만났을 뿐이라 생각하려 한다. 그럴수록 우리는 더욱 단호하고 실속만 차리는 사람이 될 뿐이다. 결국 관계는 미궁에 빠지고, 계산하는 자아는 통제력을 잃고 추락한다. 다시 위로 올라가 상황을 지배하려고 몸부림을 쳐도 미궁을 벗어나기란 불가능하다.

그렇다면 우리는 늘 교활하고, 때때로 불안해하며, 곧잘 음해하려는 계산하는 자아를 어떻게 구분할 수 있을까? 한 가지 좋은 방법은 자신에게 물어보면 된다.

- 무엇을 바꾸어야 완전히 만족할까?

이 질문에 대답하다 보면 힌트를 얻을 수 있다. 계산하는 자아가 어떤 조건을 위협적으로 생각하고 견딜 수 없어 하는지가 드러나기 때문이다. 견딜 수 없는 조건으로는 장소나 상황도 있겠지만 대부분은 사람이다.

인생 최고의 섹스

로저먼드: 나는 최근 몇 년 전부터 '성취 프로그램'을 운영해 왔다. 성취 프로그램에서 사람들을 정기적으로 만나고 그룹별로 개인 과제를 코칭해 준다. 사업을 시작하는 일부터 복잡한 웹사이트를 디자인하거나 어려운 관계를 해결하는 일까지, 이 프로젝트의 범위는 아주 넓다. 하지만 특정 목표를 달성하는 것보다 더 중요한 의도가 있다. 바로 가능성의 우주에서 삶을 살아내는 것이다.

참가자들은 매주 목표를 이루기 위한 세 단계를 정의하고 실천한다. 필요에 따라 각 단계를 조절할 수 있기 때문에 실패할 확률은 거의 없다. 게다가 모든 그룹은 게임에 참여하여 창의성을 일깨우고, 방해를 일삼는 계산하는 자아를 알아차린다. 그리고 게임에서 배운 교훈이 개인의 프로젝트를 성공시키고, 도약하는 삶을 살게 해주는 도구라는 사실을 깨닫는다.

내가 자주 활용하는 게임 중 하나는 '인생 최고의 ○○ 게임'이다. 이 게임은 사람들에게 자신의 환경과 상관없이 놀라울 만큼 만족스러운 경험을 하도록 동기를 부여한다. 예를 들어 게임 제목이 '인생 최고의 식사'라고 치자. 단순히 음식을 많이 먹거나 비싼 레스토랑에 가는 게임이 아니다. '목표를 이루도록 행동하라'라는 의도도 아니다. 이 게임의 핵심은 '먹고, 만족하라'이다. 계산하는 자아는 단순한 만족을 방해하기 위해 두려워하게 하고, 의견을 떠올리고, 자신의 현재 위치를 생각하게 만든다. 이 게임의 의도는 바로 이런 계산하는 자아의 속셈을 알아차리고, 그저 단순하게 만족하는 법을 깨우치는 것이다. 게임을 하면서 규칙 제6조를 떠올릴 수 있다면 인생을 바꾸기 위해 더 대담하게 도전할 수 있을 것이다.

나는 몇 달간 함께 프로젝트를 진행한 한 그룹에도 이 게임을 제안했다. 나는 멤버들끼리 저 빈칸에 들어갈 목표를 설정하라고 했다. 그들은 빈칸에 들어갈 단어로 '섹스'를 선택했다. 그래서 '인생 최고의 섹스하기'가 그 주의 목표가 되었다.

한 여성 멤버는 이 선택에 만족하지 못했다. 비록 동의는 했지만 불편한 기색이었다. 그의 이름은 준June으로 남편 마크Mark와 오랜 갈등 끝에 그해 초 별거를 시작했다. 준은 카리스마와 에너지가 넘치고 자기중심적인 남편과 거리를 둘 필요를 느꼈고, 결정을 철회할 마음이 없었다. 준은 남편이 변하지 않을 거라 계속 주장했지만 우리의 초점은 남편이 아닌 준에게 있었다. 우리는 준에게 게임을 원하는 대로 해석해도 된다고 말해주었다. 파트너가 없다면 '섹스'를 '앞으로 전진하는 것'이라고 비유적으로 해석해도 된다고 했다. 아무튼 이 게임은 '나태하고 자기중심적인 사람과 원치 않는 시간을 보내는 것'이 아니라 '인생 최고의 섹스를 하는 것'이었으므로.

준은 이 프로젝트에 아주 진지하게 참여하고 있었기 때문에 게임을 시도하기로 했다. 하지만 준이 어떤 방식으로 게임에 참여할지는 아무도 몰랐다. 준은 과연 자신에 관해 무엇을 깨달을까? 우리는 이미 게임의 놀라운 힘을 믿고 있었다.

준은 3일 동안 비즈니스 회의에 참여하고 있었기에 우리 그룹의 관행대로 다른 멤버인 앤Ann에게 전화로 코칭을 받으면서 과제에 임했다. 앤은 자신의 파트너인 조Joe에게 서서히 익숙해지고 있었지만 준은 자신을 골칫거리로 여기며 '인생 최고의 섹스 하기'는 부도덕할 뿐 아니라 자신과 같은 상황에 있는 여성과는 전혀 맞지 않는다고 생각했다.

"하지만 앤은 최소한 시도는 해봐야 한다며 우리가 맺은 합의를 계속 상기해 주었어요. 성패에 상관없이 말이죠. 저는 파트너로 다른 사람은 상상조차 하지 않았어요. 왜냐하면 제가 이 세상에서 친밀하게 지낼 수 있는 유일한 남자는 남편이기 때문이었죠. 이런 생각을 떠올리자마자 망치로 머리를 한 대 얻어맞은 듯했어요. 남편이 바로 제 과제의 주인공이란 사실을 알았기 때문이에요."

준의 말에 멤버들은 아주 숙연해졌다. 행여나 조금이라도 부주의한 행동을 하여 준을 방해하고 싶지 않았기 때문이었다.

"그때 저는 규칙 제6조를 떠올렸고 자신에게 물었어요. '무엇을 바꾸어야 할까?' 평소처럼 남편이 바뀌어야 한다는 생각이 먼저 떠오르더군요. 남편이 자기중심적인 태도를 버려야 한다고 생각했어요."

준은 짓궂은 미소를 지으며 주위를 둘러보았다.

"우리는 모두 남편이 나르시시즘적 성격장애를 가지고 있다고 동의했죠. 이 점은 절대 변하지 않을 거고요. 맞죠?"

아무도 무슨 말을 해야 할지 몰랐다. 준은 웃었다.

저는 제가 쓸데없이 너무 심각하다는 사실을 깨달았어요.
"자기중심적인 남자와 인생 최고의 섹스를 즐기면 왜 안 돼?"
그리고 스스로 대답했어요.
"가벼워지자."

이상했어요. 사랑을 나누는 것과 남편의 자기중심적인 모습은 별개라는 생각이 갑자기 들었어요. 동시에 제가 자기중심적이지만 자기 일에 아주 열정적인 남자에게 항상 매력을 느꼈다는 사실을 깨달았죠. 그 찰나, 어쩌면 가능하겠다는 생각이 들었어요. 사랑을 나누는 게……. 이런 남자와 사랑을 나누는 일은 당연히 가능했죠. 어쨌든 한때는 서로 사랑했으니까요. 이 깨달음 자체가 저에게는 너무 흥미롭고 신선했기에 용기를 내서 남편에게 전화를 걸었어요.

사실 내가 잘못되었고 남편이 옳았다고 말하기가 너무 어려웠어요. 자존심은 계속 불타올랐고 전 굉장히 긴장했죠. 자신을 미처 몰랐다는 사실에 조금 화도 났고요. 전화했을 때 남편이 집에 없기를 바랐어요. 하지만 남편은 집에 있었죠. 막상 전화를 해보니 대화가 술술 풀렸어요. 꽤 오랜 시간 대화를 나누지 않았는데도요. 저는 남편에게 게임에 관해 말했어요. 어색한 침묵이 흘렀고 저는 남은 말을 꺼냈죠.

"우리가 사랑을 나누면 좋을 것 같아."

남편이 너무 조용해서 되레 겁을 먹었어요. 거절당하기는 싫었거든요. 잠시 후 남편이 말했어요.

"이렇게 전화하기까지 굉장한 용기가 필요했겠네."

그 순간 무슨 말을 해야 할지 몰랐어요. 이렇게 섬세한 사람이었나? 자기중심적인 남편에게서 공감을 받다니? 결국 출장에서 돌아오는 금요일에 남편 집에서 저녁을 먹기로 했어요. 그때 모든 것이 변하기 시작했어요. 시골길을 걸어 내려오면서 저는 모든 것을 느끼고 있었어요. 그날의 풀 냄새와 강둑의 모양…… 그 모든 것이 감각적이었어요. 자연까지 가세해서 이 게임을 부추기는 것 같았죠. 마을로 들어가는 길에 과일 가판대에서 후식으로 먹을 과일을 샀어요. 양동이에 들어 있는 꽃이 시선을 사로잡았어요. 금요일 밤, 저도 모르게 남편의 집 앞에 꽃을 들고 서 있었죠! 이렇게까지 긴장하다니, 웃음이 터져 나오더군요. 한때 뒤도 돌아보지 않고 남편을 떠났던 여자가 거기에 있었어요. 남편이 고칠 수준을 한참 넘어섰다고 확신에 차 있던 여자가 이제는 꽃을 들고 악당의 집 앞에 있다니! 이렇게 극적일 수 있다니요! 그때 우리는 서로를 보며 한참 웃었고, 경계심을 풀었어요.

그날 하루는 일주일 같았어요. 여행을 다녀온 기분이었죠. 하지만 동시에 집에 다시 돌아온 것 같았어요.

우리는 모두 믿을 수 없다는 듯 서로를 쳐다보았다. 준은 훨씬 풍부하게 자신을 표현했고, 예전보다 훨씬 인간적으로 변해 있었다. 곧 피할 수 없는 질문이 들어왔다. 누군가가 물었다.

"어떤 결정을 내렸다면 앞으로 어떻게 행동할지 경계를 설정하고, 흔들리지 않고 그것을 지키는 게 중요하지 않나요?"

내가 대답했다.

"당연하죠. 하지만 그게 정말 준이 원하던 것일까요? 마크가 번번이 준을 무시했기 때문에 준은 상처를 받았어요. 이건 두말할 필요도 없죠. 하지만 준은 자신의 상처를 드러내는 대신 마크를 위험한 인물이라고 몰고 갔어요. 사실 전혀 위험한 사람이 아닌데도요. 준은 자신이 재판관이 되었을 때 더 강해진다고 느꼈던 것 같아요. 준이 남편에게 내린 판단은 고정되어 버렸고, 거기서부터 정상적인 수준으로는 도저히 용납할 수 없는 남자의 이야기가 탄생했어요. 그리고 준이 자신에게 '무엇을 바꾸어야 완전히 만족할까?'라고 물었을 때 자신의 계산하는 자아를 인식했죠. 심각해지는 것을 멈추니 자신이 남편에게 내린 판단과 남편을 구분하게 된 거예요."

준이 덧붙였다.

"그날 밤 이후 내가 원하면 이혼할 수도 있고, 남편과 친한 친구로 지낼 수도 있다는 사실을 깨달았어요. 체념에 빠지거나 궁지에 몰리지 않고서도 얼마든지 '하고 싶지 않아'라고 말할 수 있게 되었어요. 저는 온전히 선택할 수 있는 사람이 된 거예요."

꿈과 함께 뉴캐슬로

벤저민: 어느 여름, 영국 뉴캐슬에서 열린 페스티벌에서 BBC 방송국 촬영하에 마스터 클래스를 진행한 적이 있다. 학생 중에는 제프리Jeffrey라는 젊은 테너가 한 명 있었는데 그는 유명한 라 스칼라 오페라La Scala Opera Company에 막 취직한 터였다. 그의 행동으로 미루어 보아, 그는 다른 사람들이 자신의 성공을 중요하게 생각해 주기를 원하고 있었다.

젊은 테너는 슈베르트의 〈겨울 나그네〉 중 〈봄날의 꿈Spring Dream〉을 부를 예정이었다. 이 곡에는 버림받은 연인의 우울한 여정과 갈망이 묘사되어 있다. 〈봄날의 꿈〉에서 주인공은 어느 봄날 꽃이 가득한 초원에서 연인의 따뜻한 품에 안겨 기뻐하는 꿈을 꾼다. 이 부분에서 부드럽고 경쾌한 음악은 더없는 기쁨과 만족감을 표현한다. 주인공은 갑작스러운 까마귀의 울음소리에 잠에서 깬다. 그가 발견한 것은 어두움과 차가움뿐이다. 그는 반쯤 잠든 채 창문에 있는 서리를 꽃으로 착각하고는 이렇게 말한다.

"누가 이 꽃을 그렸을까? 이 꽃은 언제 초록색으로 변할까?"

그때 대답이 떠오른다.

"사랑하는 이의 품에 다시 안길 때."

곡은 장조이지만 프레이징의 전개와 강약 표시를 통해 그가 연인을 다시 만날 수 없음을 암시한다.

이 곡은 〈겨울 나그네〉 중 가장 친근하고 부드럽고 섬세한 음악에 해당한다. 특히 노래하는 이가 슬픔과 연약함, 끝없는 상실감을 얼마나 잘 이해하고 표현하는지에 따라 차이가 크다. 하지만 젊은 테너가 노래를 시작했을 때 우울함은 흔적조차 찾아볼 수 없었다. 깊고 풍부하게 울리는 이탈리아식 화려한 창법만 들릴 뿐이었다. 순진한 제프리는 자신을 너무 심각하게 받아들이고 있었다. 어떻게 하면 이 젊은 테너가 자신에게서 벗어나 곡을 효과적으로 전달하는 전달자가 될까?

나는 그에게 코칭받을 의사가 있는지 먼저 물어보았다.

"오, 좋습니다."

그는 경쾌하게 대답했다. 그는 앞으로 어떤 일이 생길지 아무것도 모르는 듯했다.

나는 45분 동안 격렬하게 싸웠다. 제프리가 아닌 제프리의 자부심, 발성 훈련법, 표정과 몸가짐, 이제껏 그가 받았던 찬사에 맞섰다. 제프리는 껍질을 하나씩 벗으면서 곡의 주인공이 느끼는 날것 그대로의 상처에 더 가까이 다가갔다. 제정신이 아닌 연인과 초록빛 생기를 잃은 목소리를 조금씩 표현하더니 인간의 깊숙한 마음속 감정을 드러내기 시작했다. 그의 몸도 점차 부드럽고 유연한 자세를 취하기 시작했다. 마지막 가사 '사랑하는 이의 품에 다시 안길 때'를 노래했을 때 제프리의 목소리는 거의 들리지 않았다. 마치 감정이 소리가 아닌 다른 경로로 우리에게 와

닿는 느낌이었다. 그곳에 있던 청중과 연주자, 방송국 직원 모두 미동조차 하지 않았다. 우리는 침묵 속에서 같은 감정을 느끼고 있었다. 잠시 후, 우레와 같은 박수가 쏟아졌다.

나는 모두의 앞에서 제프리에게 "자부심, 과거에 받았던 가르침, 당신의 목소리에 쏟아졌던 찬사를 기꺼이 내려놓아 주어서 감사해요"라고 말했다. 우리는 그의 희생에 박수를 보냈다. 나는 제프리가 모든 것을 내려놓았기 때문에 우리가 이 곡을 이해할 수 있었다고 말했다.

"다른 사람에게 진실을 보여주기 위해 자존심을 포기할 때 우리는 굉장히 감동합니다. 정말로 모두가 감동한 순간이었습니다. 심지어 카메라맨도 울었다니까요."

사실 카메라 쪽을 보지는 않았지만 나는 감동하지 않은 사람이 단 한 명도 없다고 확신해 이렇게 말했다.

그날 저녁 이후, 술집에서 카메라맨이 자신이 운 것을 어떻게 알았느냐고 물었다. 카메라맨은 눈물 때문에 렌즈를 볼 수 없었다고 고백했다.

"일 때문에 이곳에 왔을 때만 해도 이 곡이 제 얘기일 줄은 꿈에도 몰랐어요."

생각과 자존심, 명예, 허세라는 껍질을 벗어야 다른 사람과 연결될 수 있다. 규칙 제6조를 이용하면 다른 사람도 이를 따라 한다. 자, 계산하는 자아를 밝혀내고 인정했으니 이제는 '중심 자아Central Self'가 빛을 발할 차례다.

중심 자아

보스턴의 퀸시 마켓Quincy Market에 있는 홀로코스트 추모비Holocaust Memorial 여섯 개 중 다섯 개에는 수용소에서 있었던 무자비하고 고통스러운 이야기가 적혀 있다. 그중 여섯 번째 기념비에는 '일제Ilse'라는 소녀에 관한 이야기가 있다. 일제는 게르다 바이스먼 클라인Guerda Weissman Kline이 어릴 적 아우슈비츠Auschwitz 수용소에서 만난 친구였다. 당시 여섯 살이었던 일제는 어느 날 아침 수용소에서 라즈베리를 한 알 발견했다고 한다. 일제는 라즈베리를 주머니 속에 숨겨서 온종일 가지고 다녔다. 그리고 저녁이 되자 라즈베리를 나뭇잎에 받쳐서는 행복한 눈빛으로 게르다에게 보여주었다.

게르다는 이렇게 적었다.

'상상해 보세요. 라즈베리 하나가 전 재산인 세상에서 그걸 친구에게 주는 장면을요.'

이 이야기는 중심 자아의 본질을 잘 보여준다. 이 책에서 중심 자아란 '놀랍도록 너그럽고 풍부하며 창의적인, 세상과 우리 자신의 본성'을 포괄하는 말이다.

끝없는 유년기를 벗어나 빛나는 가능성의 땅으로 항해를 계획한다면, 아마도 우리는 위계적인 환경이 아닌 수평적이고 열린 공간으로 향할 것이다. 뭔가가 계속 부족하다는 결핍 지향적 사고방식에서 벗어나 온전하고 풍족한 태도를 지향하려 할 것이다. 이렇듯 인간의 발달이란 '계산하는 자아'에서 '중심 자아'로 끊임없이 자신을 재건해 가는 과정이라 할 수 있다. 즉 인간은 '계산하는 자아'에서 풍족하고, 자유로우며, 인정 많고, 자신을 표현할 줄 아는 '중심 자아'로 자신을 재건해 가면서 성장한다.

중심 자아로 갈등 해결하기

계산하는 자아는 자신이 가장 중요하기 때문에 막다른 곳에 이르렀을 때 걸핏하면 결정권자의 자리에 앉으려고 한다. 그 문제가 정치든 개인 관계든 비즈니스든 상관없다.

규칙 제6조를 실천하면 협상 중재자는 독특한 관점을 얻을 수 있다. 중재자는 사람들의 중심 자아가 토론을 주도하도록 길을 열어서 갈등을 해결한다. 다시 말해, 중재자의 역할은 계산하는 자아가 만족할 만한 해결책을 찾아주는 게 아니다. 중재자의 역할은 발전과 변화를 촉진하는 것이다. 다음 이야기에서 두 계산하는 자아는 서로를 이기기 위해 끝없는 미궁 속으로 대화를 끌고 간다. 하지만 중심 자아들은 서로 협동해 문제를 해결할 지름길을 안내한다.

창립자와 투자가

로저먼드: 파트너십을 맺고 있던 업체 두 곳이 계약을 앞두고 교착 상태에 빠졌다. 시간은 계속 흘러가고 더 지체되면 재정에도 문제가 생길 판이었다. 두 파트너 중 젊은 남자가 비행기에서 우연히 벤저민의 옆자리에 앉게 되었다. 40대였던 그 남자는 벤저민에게 자신이 처한 상황을 이야기했다. 벤저민은 문제 해결에 의욕을 보이며 나에게 전화를 걸었다.

"오, 마침 전화를 받았군. 옆자리에 훌륭한 신사분이 앉아 계시는데 문제가 좀 있어. 당신이 이 문제를 해결할 수 있다고 장담했지. 전화 바꿔 줄게."

벤저민은 이렇게 말하더니 그의 새 친구와 통화를 하게 해주었다. 우리는 전화로 약속을 잡았다.

월요일 아침, 우리는 회사 사무실에서 만났다. 나이가 더 많은 그의 파트너는 80대 초반으로 회사의 창립자였다. 창립자는 회사 내부의 문제를 컨설턴트와 논의하기를 꺼렸고, 얼굴에도 언

싫어하는 기색이 역력했다. 창립자는 젊은 파트너에게 계약서에 사인하도록 강요했다. 젊은 파트너는 계약서가 달성하기 어려운 목표치를 담고 있다고 판단했다. 최후통첩만이 남은 상황이 되었다. 목표치를 달성하거나, 거래처를 잃거나. 수정도, 협상도, 타협도 불가능했다. 창립자는 나에게 단호한 어조로 11시에 중요한 미팅이 있다고 말했다. 우리가 이 문제에 쓸 수 있는 시간은 한 시간 반밖에 되지 않았다.

나는 두 사람이 모두 적대적이고, 비협조적이며, 유치하고, 상대에게 뭔가를 되갚아 주려고 혈안이 된 채 혼자만 살아남으려 한다고 판단했다. 그 가정하에서 두 남자는 자신의 행동을 완전히 정당하다고 느끼고 있었다. 나는 두 사람의 중심 자아가 서로의 계산하는 자아를 감지하고 있다고 가정했다. 나는 의도적으로 그들의 중심 자아에 말을 걸었다.

컨설팅을 요청한 사람은 젊은 파트너였으므로 나는 그가 '이 싸움에서 지고 있다'라고 생각한다고 가정했다. 나는 젊은 파트너가 나에게 거는 신뢰와 이 문제에서 그가 차지하는 비중을 고려해 봤다. 그래서 창립자에게 젊은 파트너가 얼마나 얼간이(훨씬 속된 표현을 썼던 것 같다) 같은지 말해보라고 했다. 젊은 파트너의 계산하는 자아가 이제껏 어떻게 행동했는지 파악해야 했고, 창립자가 상대에게서 어떻게 방해받았다고 느꼈는지 알아야 했다. 속된 표현을 쓴 이유는 규칙 제6조에 따라 젊은 파트너의 행동을 너무 심각하게 받아들이게 하지 않기 위해서였다.

창립자는 대답을 쏟아냈다. 그는 젊은 파트너가 약속한 투자금을 번번이 모으지 못했으며, 솔직하게 행동하지 않은 점, 자기에게만 유리하도록 말을 번복한 점까지 모두 털어놨다. 창립자는 이중 거래를 의심하고 있었고, 투자금이 부족해 경쟁사보다 먼저 제품을 시장에 내놓지 못할까 봐 두려워했다. 그렇게 되면 평생을 바친 연구가 무너져 내리는 것이었다. 창립자에게 이는 생존 문제였다. 그는 노력의 결실인 제품과 자신을 완전히 동일시했다.

물론 젊은 파트너는 그의 주장이 모두 사실이 아니라고 항의했다. 젊은 파트너가 말할 때마다 창립자는 격분했다.

나는 창립자가 비협조적으로 행동하게 된 주된 원인을 파악해야 했다. 그래서 이번에는 젊은 파트너의 어떤 행동에 가장 화가 나는지 물었다. 창립자는 바로 대답했다.

"나한테는 물론이고 자신에게까지 거짓말을 한다는 점이요."

나는 합의점이 될 만한 통로를 발견했고 그 문을 열었다. 나는 젊은 파트너에게 물었다.

"당신은 약속한 투자금을 모았나요?"

젊은 파트너가 설명하기 시작했고 나는 말을 끊었다.

"'예', '아니요'로만 대답하세요."

"아니요, 하지만……."

"당신이 다양한 계획을 세워놓았다는 사실을 추호도 의심하지 않습니다. 어쩌면 돈이 이제 막 들어오려 했을 수도 있고요. 이 문제를 판단하려는 게 아니고요. 저는 약속한 돈이 지금 당신 계좌에 있는지 확인하고 싶을 뿐입니다."

"아니요."

"결과만 보면 당신이 굉장히 존경하는 연구자는 당연히 염려할 만한 상황이네요."

나는 젊은 파트너 쪽으로 몸을 기울이며 직설적이지만 친근하게 그의 중심 자아에게 말을 걸었다.

"이건 평생을 바친 연구입니다. 당신의 파트너는 이 연구가 물거품이 되기를 원하지 않습니다."

"네, 알고 있습니다."

공통된 진실이 전해졌다. 적대적인 에너지가 가라앉았다.

다음으로 나는 창립자의 중심 자아의 생각을 알고 싶었다. 나는 젊은 파트너가 회사에 머무르는 게 도움이 되는지, 나가는 게 나은지 물었다. 중심 자아는 속임수를 쓰지 않는다. 중심 자아는 모든 상황에서 진실을 파악한다.

"당신의 파트너는 필요한 돈을 모을 능력이 있습니까?"

"네. 그가 자신에게 하는 거짓말을 멈춘다면요."

두 사람 모두 사업이 성공하길 원한다는 것과 서로의 능력을 인정한다는 것이 확실해졌다. 나는 창립자의 중심 자아(협조적인 측면)와 계산적인 자아(전략적 측면)가 모두 계약서 작성에 관여했다고 가정했다. 창립자에게 더 합리적으로 계약서를 작성하게 하기 위해서는 두 목소리를 분리해야 했다. 나는 그에게 아들이 있는지 물었다. 아들의 오만함에 화가 난 나머지 속으로 아들이 실패하기를 바란 적이 있는지 물었다. 그는 젊은 파트너가 초래하는 두통에 비하면 아들이 일으킨 문제는 아무것도 아니라고 말했다. 이번에는 이렇게 물었다.

"상대방의 선의에 문제가 있을 때 사람들은 상대가 비틀거리고 넘어지기를 바라지요. 이런 사실을 알고 계시나요?"

그는 고개를 끄덕였다. 나는 당신도 그런 마음으로 계약서를 작성했느냐고 물었다.

"아마도요."

"제 생각에 당신은 당신의 파트너가 최고의 환경에 놓였을 때 무엇을 성취할 수 있는지 정확히 알고 있어요. 동시에 무엇을 할 수 없는지도 알고 있죠. 당신의 자아는 지금 화가 난 상태로 그가 실패하길 바라고 있습니다. 만약 그런 자아가 당신 안에서 우세하게 되면 상대는 정말로 실패할 겁니다. 당신의 사업도 마찬가지고요."

창립자는 고개를 끄덕이더니 나를 잘 고용했다며 무뚝뚝한 말투로 칭찬했다.

이제 젊은 파트너는 더 협조적인 분위기에서 일하게 될 것이다. 창립자가 사실상 방해 행위를 인정하는 장면을 목격했기 때문이다. 다른 사람의 중심 자아에 집중하여 진솔한 대화를 유도한다면 저항하기 힘든 분위기를 형성할 수 있다. 이런 분위기 속에서는 계산하는 자아가 모습을 드러내기 어렵다. 이는 C장조로 노래를 부르는 합창단 속에서 혼자 B단조 노래를 부르려는 상황과 같기 때문이다.

이제 두 남자는 공동 사업을 최대한 성공시키기 위해 계약서를 수정해야 했다. 나는 창립자에게 계약서의 어떤 부분이 비현실적인지 젊은 파트너에게 물어보라고 했다.

특정 조항에 이르자 긴장이 고조되면서 계산하는 자아가 슬그머니 모습을 드러내려 했다. 그때 나는 둘에게 두려움을 직시하게 했다. 단, 두려움이 이 협상을 주도하도록 허락하지는 않았다. 예를 들어 젊은 파트너가 "좋은 건 당신이 다 하고, 불리한 건 다 저에게 몰아주면 너무 불공평하잖아요"라고 말했을 때 나는 창립자는 돈보다 잃을 게 훨씬 많기 때문에 두려워하고 있는 거라고 상기해 주었다.

"당신의 능력을 반영해서 계약서를 만들어 보는 건 어떨까요? 결과가 좋지 않을 때 일어날 일에는 비중을 크게 두지 말고요."

젊은 파트너는 내 충고를 수용했고, 창립자의 두려움을 유발하는 부분은 더 따지지 않기로 했다. 그는 창립자의 신뢰를 얻는 것이 자신이 해야 할 일이란 사실을 깨달았다.

젊은 파트너가 생존보다 당장 급한 업무에 집중하자 창립자도 안도했다. 결과적으로 그는 더 유연한 자세를 취하게 되었고, 분위기가 확연히 달라졌다.

대화가 점점 활기를 띠기 시작했다. 회사가 원래 가졌던 비전이 다시 빛을 내기 시작한 것 같았다. 두 남자는 계산하는 자아가 교묘하게 이용했던 전략을 건설적인 목적으로 사용하고 있었다. 둘은 회사가 번창할 방향으로 계약서를 조정했다. 젊은 파트너가 "11월 말까지 그 정도 돈은 무리일 것 같습니다. 하지만 그때까지 노력은 해보겠습니다. 돈은 1월 1일에 계좌로 들어올 겁니다"라고 말하자 창립자는 그를 믿는 듯 보였다.

두 사람은 변호사가 검토할 수 있도록 각 조항을 작성하는 데 성공했고 창립자는 제시간에 미팅에 가게 되었다.

"좋아, 제시간에 마쳤군."

창립자가 말했다. 나는 순간 창립자의 눈에서 번득이는 유머를 발견했다. 그가 규칙 제6조를 받아들였음을 깨달았다. 젊은 파트너는 순진한 척 농담을 던졌다.

"그러게요. 왜 이렇게 오래 걸렸는지 모르겠군요."

가능성이 사무실을 가득 채웠다.

계산하는 자아와 다르게 중심 자아는 특정 행동 패턴을 보이거나 전략을 구사하지 않는다. 자신의 존재를 증명할 필요도 없고 있는 그대로 표현한다. 이제껏 생존해 냈으며, 그 사실을 아는 사람의 참모습이다. 중심 자아는 계산하는 자아의 관점을 이미 간파하고 있다. 그리고 계산하는 자아가 과거 조상으로부터 내려온 생존의 산물이며, 어린 시절에 꼭 필요한 환상이라는 사실을 안다. 사실 어릴 때는 자신이 세상 어느 곳에도 속하지 않았다는 사실을 아는 게 유리하다. 잠시라도 잊힐까 봐 울거나 소리칠 수 있기 때문이다. 또 아이는 살아남으려면 다른 사람보다 더 강하고 똑똑해야 한다고 생각해야 한다. 그래야 정신과 몸을 단련하고, 물에 가라앉지 않으려 몸부림치고, 먼저 음식을 입에 넣을 것이니 말이다.

하지만 중심 자아는 소속되지 않은 상태와 불충분한 상태가 그저 우리의 생각일 뿐 아니라 산타클로스$^{Santa\ Claus}$와 같은 환상에 불과하다는 사실을 안다. 우리를 위협하는 여러 요소는 실은 심각하게 받아들일 필요가 없는 환상이다. 인간은 사회적 동물이며, 함께 춤추며 움직인다. 또 인간은 모두 근본적으로 측정 불가한 존재이며 우리는 모두 어딘가에 속해 있다. 중심 자아는 계산하는 자아가 만들어 낸 장애물에 구애받지 않는다. 아무런 계산도 하지 않고, 있는 그대로의 우리에게 귀를 기울이고 현재에 집중한다.

계산하는 자아는 바쁘게 움직이는 사람들의 이면을 보려 하지 않는다. 연민을 속삭이는 소리를 들으려 하지 않는다. 흔들리는 나무와 파도의 흐름과 사람들이 내쉬는 숨소리가 얼마나 복잡한 리듬을 만드는지 전혀 듣지 않는다. 우리에게 의미가 있는 긴 호흡의 리듬에 자신을 맞추려 하지도 않는다. 오직 비교와 계책에만 관심을 갖는다. 그러나 중심 자아는 열려 있고 깨어 있다. 왜냐하면 그것은 그저 자기 고유의 목소리가 되기만 하면 되기 때문이다. 즉 어린 시절에 살아남기 위해 만들어진 성격을 넘어서는 더 깊은 표현인 자신의 고유한 목소리를 내기만 하면 되기 때문이다.

중심 자아에게 변화란 삶을 통과해 가는 방식 그 자체다. 또한 변화는 우리가 세상을 경험하는 방식이 전환되었음을 뜻한다. 이 전환은 끊임없이, 우리가 알지 못하는 사이에도 계속 벌어지고 있다. 모험을 막 시작하거나, 사랑에 빠지거나, 새로운 일을 시작한 사람을 생각해 보라. 마치 새로운 사람이 된 것처럼 느끼고, 생각하고, 말하며 그간 자신이 느낀 방식을 신기해하지 않는가. 중심 자아의 관점에서 삶은 끊임없이 변하는 강물처럼 유동적으로 흐른다. 우리 자체도 끊임없이 변하는 유동체이다. 중심 자아는 무슨 일이 닥쳐도 그것을 상대할 수 있다는 자신감이 있기에 자신을 새로움과 불확실성에 취약한 존재가 아닌 그것을 감당할 수 있는 존재로 본다. 또 외부의 영향에 항상 열려 있는 마음으로 대처한다. 강의 흐름을 제어할 수 있다는 환상에 사로잡히지 않기에 큰 흐름에 저항하기보다 합류한다.

나의 친구 비크람 사브카르Vikram Savkar가 중심 자아의 포용성과 너그러움을 경험한 일화를 들려주었다. 이 이야기에는 그의 중심 자아가 협조적인 우주에 어떻게 모습을 드러냈는지가 나와 있다.

지난밤, 대학 시절 자주 갔던 지저분한 식당에 들렀다. 나는 노숙자처럼 보이는 남자 옆에 자리를 잡았다. 남자의 앞에는 1달러짜리 지폐 세 장과 잔돈이 놓여 있었다. 딱 봐도 그 돈은 그의 전 재산인 듯했다. 종업원이 등장했고 나는 햄버거를 주문했다. 하지만 그 남자는 내게 말을 멈추라는 듯 손을 뻗었다. 그는 품위 있게 "제가 살게요. 아무거나 시켜요. 한 푼도 쓰지 마세요. 전부 제가 계산할 거니까요"라고 말했다. 나는 그럴 수 없다며 그를 말렸다. 그는 내게 전 재산을 주려고 했고 나는 그런 선물은 절대 받을 수 없었다. 하지만 그는 단호했다.

"드시고 싶은 대로 드세요. 제가 살게요."

그는 카운터 뒤에 있는 무관심한 종업원에게 돈을 내밀었다. 나는 햄버거와 커피를 마지막 한 입까지 맛있게 먹었다. 남자는 약 3달러 50센트로 너그러움과 풍요가 넘치는 인간적인 세상을 만들었다. 그 찰나의 우주에는 그릴에서 흘러나온 맛있는 냄새가 가득했다. 동시에 칸막이 의자에 앉아 수다를 떠는 커플의 행복한 목소리가 번지는 듯했다. 나는 그곳에서 진한 만족을 느꼈다. 나는 남자에게 진심으로 감사했다.
"오, 아니에요."
남자는 말로라도 보상을 하려는 나에게 윙크하며 말했다.
"오히려 제가 기쁩니다."

우리가 규칙 제6조를 지키고, 유치한 특권 의식을 덜어내 가벼워진다면 경이로운 우주 속으로 즉시 들어갈 수 있다. 이 새로운 우주는 본질적으로 협조적이라 이 안에서는 우리의 협조적인 본성을 실현할 수 있다. 이곳은 멀리 있지 않다. 알다시피 이곳의 천사는 심각하지 않기 때문에 날 수도 있다. 단 하나의 규칙만 기억한다면 우리도 그렇게 될 수 있다.

7장

있는 그대로 존재하기

영화 <꼬마 돼지 베이브Babe>에는 이런 장면이 있다. 크리스마스의 어느 농장. 돼지와 소, 닭, 오리 무리가 부엌 창문 쪽으로 목을 길게 빼고 친구가 저녁 요리가 되어가는 장면을 지켜본다. 커다란 접시 위에는 오렌지소스를 끼얹은 친구 오리 '로재나Roseanna'가 놓여 있다.

오리: 왜 하필 로재나야? 좋은 친구였는데. 더는 못 견디겠어! 이건 오리에게 너무 가혹해. 두려움이 내 영혼을 갉아먹고 있어.
소: 순리를 받아들여야 행복할 수 있어.
오리: 순리 좋아하시네!

소는 우리가 자주 언급하는 철학적 개념을 말했지만 오리는 사실 우리 대부분의 입장을 대변한다. 오리는 현 상황을 파악하고 소가 보여주는 독실하면서도 체념한 태도까지 지적했다. 짐작건대 소는 도살장에 순순히 끌려갈 것이다. 반면 오리는 탈출할 구실을 찾을 것이다. 하지만 뚜렷한 탈출 방법이 없다면? 오리는 마지막일지도 모른다는 생각에 안간힘을 다해 축사 벽을 뛰어오르며 고통스럽게 시간을 보내야 할까?

7장에서는 희망 없이 체념하는 소와 필사적으로 저항하는 오리 모두에게 처방전을 제시하고자 한다. 우리가 제안하는 처방전은 바로 '있는 그대로 존재하기'다. '있는 그대로 존재하기'는 현 상황을 향한 우리의 감정도 포함한다. 있는 그대로 존재하려고 오롯이 노력하면 가야 할 방향이 명확하게 드러난다.

이 처방전에 계산하는 자아는 위협을 느낀다. 계산하는 자아는 이렇게 묻는다.

"왜 하릴없는 바보처럼 이러고 있는 거야?"

하지만 중심 자아는 새로운 경험을 할 때마다 자신을 확장하고 발전한다. 중심 자아는 이렇게 묻는다.

"지금 이 순간, 나는 무엇을 경험하고 있는가?"

그리고 또 묻는다.

"지금 이 순간, 나는 또 무엇을 경험하고 있는가?"

있는 그대로 존재하기란 소처럼 체념한 채 상황을 받아들이라는 말이 아니다. 그렇다고 부정적인 감정을 없애야 한다거나 견딜 수 없는 상황을 좋아하는 척하라는 말도 아니다. 부정적 성향을 초월할 수 있는 한층 더 높은 존재가 되기 위해 노력해야 한다는 말도 아니다. 그저 저항하지 말고 그대로 존재하라는 뜻이다. 이 순간 일어나는 일과 당신의 반응에 존재할 것. 그것이 얼마나 강렬하든 말이다.

예를 들어 당신이 플로리다로 겨울 휴가를 떠났다고 치자. 내내 비가 내리고 있다. 당신은 이 상황이 당연히 싫을 것이다. 따뜻한 날씨 속에서 골프도 치고 해변에 누워 시간을 보내려고 했는데 비가 오다니. 문제는 비 오는 날씨와 그것을 향한 당신의 감정, 즉 이 모든 것과 함께 존재할 수 있느냐이다. 그럴 수 없다면 현실을 부정하며 종일 시간을 보내거나, 날씨가 이럴 거라고 왜 아무도 알려주지 않았느냐며 불평하거나, 홍보 책자에 나온 대로 맑은 날씨를 기대하고 왔으므로 숙박료를 환불받을 궁리를 하거나, 다른 도시의 리조트에 가라고 충고하지 않은 배우자를 탓하면서 시간을 보낼 것이다. 하늘에 대고 왜 이런 시련을 주시느냐고 외칠지도 모른다. 아니면 옴짝달싹 못 한 채 아무것도 할 수 없는 상태가 될 수도 있다.

하지만 다른 선택도 있다. 감정을 소모하지 말고 비가 오는 대로 내버려두는 것이다. 다음과 같이 '그런데'를 '그리고'로 바꾸는 것만으로도 효과가 있다.

우리는 겨울 휴가차 플로리다에 와 있다. '그리고' 비가 오고 있다. 계획과 달라 몹시 실망스럽다. 비가 올 거라고 예상했더라면 시애틀에 있는 친구 집에 갔을 것이다. '그리고' 이것이 현 상황이다.

저항하지 말고 존재하라. 이제 당신은 이렇게 질문할 자유를 얻었다.

"난 지금 여기에서 뭘 하고 싶지?"

그러면 다양한 길이 모습을 드러낼 것이다. 조용히 휴식을 취해도 되고, 맛집에 가거나 섹스, 대화, 독서를 해도 된다. 아니면 영화를 보거나 빗속을 걸을 수도 있다. 다음 비행기를 타고 다른 도시에 가도 된다.

아무 저항도 하지 않고 지금 일어나는 모든 일 속에서 존재하고자 한다면 새로운 가능성이 일어난다. 이를테면 이 능력은 눈이 나쁜 사람이 안경을 찾아 쓴 상황과 같다. 안경을 쓰면 독서를 할 수도, 아이의 손가락에 박혀 있는 이물질을 찾아 제거할 수도 있다. 저항하지 않고 그저 존재하면 마침내 보게 된다. 투쟁을 뒤로하고 당장 눈앞에 있는 것을 받아들이면 다음으로 넘어갈 수 있다.

내리막길에서의 도전

로저먼드: 3일 동안 홀로 스키 여행을 떠난 적이 있다. 목표는 전적으로 '스키 실력 향상'이었다. 그런데 첫 시도 만에 얼음 위에서 미끄러져 넘어지고 말았다. 그때부터 경계심이 커졌고 얼음을 볼 때마다 바짝 긴장한 상태가 되었다. 안타깝게도 스키장에는 얼음이 너무 많았다. 계획을 포기하고 '진짜' 스키를 탈 수 있을 때 다시 오자고 생각했다. 그 순간 이제껏 눈 위에서만 타는 스키가 진짜 스키라는 가정하에 움직이고 있었다는 생각이 들었다. 나는 벤저민이 종종 '우주적인 웃음'이라 칭했던 웃음, 즉 깨달음의 기쁨과 놀라움에서 우러난 웃음을 지었다. 만약 내가 뉴잉글랜드의 스키 선수를 목표로 했다면 스키 타기라는 정의에 얼음을 포함했을 것이다. 나는 마음속에 사각형을 다시 그렸다. 스키는 눈과 얼음 위에서 타는 것이라고 새롭게 프레임을 짰다.

다시 산을 타고 내려오면서 내 몸은 새로운 프레임에 잘 적응했다. 나는 얼음을 환영했다. 스키를 타는 사람이라면 누구나 알고 있듯 얼음에 저항감이 생기면 하강할 때 고통스럽다. 반면 얼음을 익숙한 지면이라 생각하고 건너면 너끈히 지나갈 수 있다.

실수는 얼음과 같다. 실수에 거부감이 생기면 계속해서 패배자의 마음가짐 속으로 미끄러져 들어간다. 반면 실수를 당연한 것으로 정의하면 실수 속으로 자연스럽게 들어가서 실수의 장기적인 가치를 깨달을 수 있다.

음악, 오르막길의 영광

벤저민: 보스턴 필하모닉 오케스트라의 수석 호른 연주자가 공연을 마치고 나를 찾아왔던 날을 잊을 수가 없다. 그날의 연주곡은 극도로 어렵기로 유명한 말러의 교향곡이었다. 그는 부담이 큰 솔로 파트를 맡아 훌륭하게 연주를 마쳤다. 하지만 그는 내게 정말 죄송하다고 사과했다. 나는 그가 무슨 말을 하는지 잠시 이해할 수 없었다. 낙담한 모습으로 너무 미안해해서 되레 내가 할 말을 잃었다. 그가 위축된 이유를 살펴보니 솔로 파트에서 초고음 두 개를 망쳤기 때문이었다. 음반으로 반복 재생해서 들으면 거슬릴 수도 있겠지만 약 90분 동안 열기로 가득했던 공연에서 그의 실수는 중요하지 않았다. 그가 실수를 할 정도로 총력을 기울여 연주했기 때문에 오히려 우리 공연 전체에는 보기 드물 정도의 활력이 돌았다.

요즘 오케스트라 연주자의 평균 실력은 말러 시대의 연주자들보다 훨씬 뛰어나다. 말러는 특정 악기에 까다로운 악절, 예를 들어, 말러가 〈교향곡 제1번 First Symphony〉 3악장의 콘트라베이스 솔로 파트에 초고음으로 치닫는 동요 〈프레르 자크Frère Jacques〉 멜로디를 넣은 이유는 인생에 없어서는 안 될 인간의 연약함과 위험 요소를 표현하고 싶었던 것 같다. 오케스트라나 지휘자에게 말러 교향곡을 공연한다는 건 앙상블Ensemble(전체적인 어울림 – 옮긴이)과 표현, 기술적으로 큰 위험을 떠안는 것이다. 기술적으로 너무 완벽하면 오히려 곡의 느낌을 제대로 전달할 수 없다. 그렇기 때문에 어떤 의미에서는 훌륭한 연주자가 기술적으로 부족한 연주자보다 훨씬 노력해야 한다.

다소 객관적이고 뒤끝이 없다고 알려진 작곡가 이고르 스트라빈스키Igor' Stravinsky가 어느 바순 연주자를 퇴짜 놓았다. 〈봄의 제전The Rite of Spring〉의 위험천만한 도입부를 연주하기에는 그의 연주가 너무 완벽했기 때문이었다고 한다. 러시아의 겨울, 그 차가운 손아귀에 처음으로 균열이 생기는 것을 표현한 이 심장이 멎을 만한 도입부는 연주자가 자신의 기술을 다 끌어다 써야 할 만큼 전력을 다해야 한다. 바순 연주자가 이 악절을 쉽게 느낀다면 그는 표현해야 할 부분을 놓친 것이다.

스트라빈스키는 한 바이올리니스트로부터 바이올린 협주 부분이 너무 어려워 사실상 연주가 불가능하다는 말을 듣자 이렇게 답했다고 한다.

"저는 이 악절을 연주하는 사람의 소리가 아니라 이 악절을 연주하려고 애쓰는 사람의 소리를 듣고 싶은 겁니다!"

지금처럼 경쟁이 만연한 문화에서는 이런 태도를 유지하기 어렵다. 경쟁적 분위기에서는 비판과 실수에 너무 많은 관심이 쏠린다. 비판과 실수는 우리 영혼의 소리를 차단해 버린다. 실패를 기쁜 마음으로 긍정해서 능력을 확장할 때 우리는 비로소 위험천만한 모험을 즐거운 모험으로 바꿀 수 있다. 그리고 실수를 했을 때는 마음속으로 두 팔을 들어 올리며 이렇게 말하면 된다.

"와, 정말 멋지다!"

그러고는 더 높은 곳에 관심을 두면 된다.

몇 가지 구분법

'있는 그대로 존재하기' 연습에서는 우리의 가정이나 느낌을 사실과 구분해야 한다. 즉 이미 일어난 일과 지금 일어나고 있는 일을 구분해야 한다. 우리는 끊임없이 뭔가를 인지하고 있기 때문에 이를 구분하기란 쉽지 않다. 어떤 사건을 향한 우리의 생각과 느낌을 사건 자체와 구분하기 어렵다면 다음처럼 해보자.

'해야 한다' 제거하기

상황이 마음에 들지 않을 때, 우리는 보통 '있는 그대로'에 집중하기보다 '해야 하는' 것에 집중하려 한다. 예를 들어 자녀에게 해야 할 것을 얼마나 많이 강요하는가? 그리고 그것이 아이와 어울리지 않는 경우가 얼마나 많은가? 단순히 비가 오거나 아이가 칭얼대는 것이 아닌 굶주림이나 폭정, 지구 온난화처럼 중대한 사안일 때는 상황의 무게가 훨씬 커진다. 또 주로 잘못 자체에 관심을 가진다면 합리적으로 행동할 수 없다. 다음 단계를 논의하는 과정에서 전체 맥락을 놓치기 쉽고, 해결책을 찾느라 정작 중요한 사람을 간과할 수 있다.

회피, 부인, 비난이라는 탈출구 봉쇄하기

추위나 복통처럼 말 그대로 불쾌한 느낌이 있다. 반면 슬픔이나 분노처럼 너무 강렬해서 압도될 것 같은 느낌도 있다. 이런 감정을 느낄 때 우리는 주로 탈출구를 찾는다. 감정에 저항하고, 상황을 등진 채 비난과 책임을 다른 사람에게 돌리려 한다.

탈출구를 봉쇄한다는 것은 어떤 감정이든 상관없이 그 감정과 함께 있는 것을 의미한다. 비가 퍼붓고 번개가 내리치는 태풍이 휩쓸고 난 다음에야 맑은 하늘이 고개를 내민다는 사실을 생각해 보라. 이 연습은 태풍과 같은 부정적인 감정을 자연스럽게 흘러가게 한다.

자녀에게 문제가 생겼을 때, 그들을 제일 사랑하는 부모조차 저항하지 않고 있는 그대로 존재하기 힘들 때가 있다. 아이의 고통을 받아들이거나, 가까이에서 위로해 주거나, 이야기를 가만히 들어주기 힘들지도 모른다. 하지만 감정은 근육과 같다. 탈출구를 봉쇄한 채 그 감정들을 감당하는 연습을 할수록 너끈히 이겨낼 수 있다.

판단하지 말기

여행에서 비가 내리는 건 우리 개인에게는 좋지 않은 일이다. '그리고' 농사짓는 사람에게는 좋은 일이다. 비행기가 취소되어 스케줄에 문제가 생길 수도 있다. '그리고' 공항 라운지에서 미래의 배우자를 만날지도 모른다. 숲에 화재가 나면 단기적으로는 생태계를 파괴할지도 모른다. 장기적으로 봤을 때는 왕성하게 숲이 재구성될 수 있다. 멋진 물수리가 물고기를 사냥할 때 그 자체는 좋고 나쁜 게 아니다. 물론 물수리에게는 좋은 일이고 물고기에게는 나쁜 일이겠지만 자연은 판단하지 않는다. 인간이 판단할 뿐이다. 선과 악을 구분하는 의지는 인간이 가진 가장 수준 높은 자질일 수 있지만 선과 악 자체는 우리가 부여한 범주에 지나지 않는다는 사실을 깨닫는 것이 중요하다. 선과 악 자체는 세상의 것이 아니다.

한 남자가 랍비를 찾아가 물었다.
"랍비여, 일전에 칭찬에 관해 해주신 이야기 있지 않습니까?"
"그랬지요. 좋은 소식을 들으면 신께 감사하고, 나쁜 소식을 들으면 신을 찬양하라는 말을 했었지요."

"제가 그 말을 기억했어야 했는데 말입니다. 그렇다면 랍비여, 좋은 소식과 나쁜 소식을 어떻게 구분합니까?"

랍비는 미소를 지으며 말했다.

"당신은 지혜로운 사람이군요. 안전한 방법이 있지요. 항상 신께 감사하면 됩니다."

관념과 실재 구분하기

있는 그대로 존재하기를 방해하는 여러 복잡한 요소 가운데 가장 강력한 것은 물리적으로 실재하는 것과 추상적인 것을 혼동하는 것이다. 추상적 관념은 정신과 언어가 만들어 낸다. 언어 속에는 시공간에 존재하지 않는 다양한 무언가들Things로 가득 차 있다. 하지만 이것들은 우리 눈에 진짜처럼 보인다. 가령 우리는 '정의'나 '미학' 또는 '0' 같은 관념을 실재하는 것처럼 여긴다. 이 개념을 바탕으로 우리는 원래대로라면 달성할 수 없는 것을 이룰 수 있기 때문이다. 추상적 관념이라는 도구를 이용해 숫자를 세거나, 다른 사람에게 배우거나, 행동 기준을 세우고, 미래와 과거를 왕래할 수 있다. 하지만 이러한 추상적인 무언가들은 단지 세상의 현상을 간접적으로 드러낼 뿐이라는 사실을 꼭 기억해야 한다. 관념이 가리키는 것은 물질로 이루어져 있지 않다. 추상적인 무언가들은 온전히 언어의 산물이다.

추상의 본질은 '시공간의 우연성과 상관없이 지속해서 존재한다'라는 것이다. 30대 미혼 남녀에게 많이 듣는 "여자(혹은 남자)가 없어요"라는 고민은 실제로 이성이 없다는 이야기가 아니다. '운명'과 같은 추상적 단어는 현실을 받아들일 수 없는 그 순간의 저항감을 떨치려고 떠올리는 말이다. 결국 이런 추상적인 말은 우리 삶을 축소한다. 폭풍우 치는 휴가를 두 번 경험하면(관념과 실재를 구분하지 못하면) 코앞에 즐거움을 두고도 휴가 때마다 불운이 따른다고 쉽게 단정해 버릴 수 있다. 가장 밝은 날조차 어두운 날이 되어버린다. 따라서 어떤 사건에 관한 주관적인 결론과 객관적인 진술을 구분하는 연습을 해야 한다. 새로운 가능성이 활짝 열릴 때까지 의견과 사실을 계속해서 구분해야 한다.

벽

로저먼드: 어느 가족이 열여섯 살 된 아들의 요청으로 나를 찾아왔다. 평소 말도 잘 하지 않던 어린 아들이 치료를 제안할 정도로 이 가족은 스트레스 지수가 높았다. 주치의의 소개로 나를 처음 찾아왔을 때, 흥분한 아버지가 진지하게 말했다.

"아들이 우리와 소통하지 않아요. 절대로 통과할 수 없는 벽을 치고 우리를 자기 삶에서 추방했어요."

아버지가 이렇게 말하다니 참 이상하다고 생각했다. 이 치료를 제안한 사람은 바로 아들이 아닌가. 부모는 아들을 향해 고개를 돌렸고 대답을 기다렸다. 아들은 아무 말도 하지 않았다.

"자, 보셨죠?"

아버지가 말했다. 그러고는 내게 이런 이미지를 계속해서 주입했다. 아들은 스스로 마음의 문을 닫았으며, 아버지는 더 많이 소통하고 싶다고 했다.

아버지의 말투는 말 속에 있는 창조적 힘을 간과해 버리기 쉬운 전형적인 예시다. 아버지는 아들이 소통을 방해하는 벽을 만들었다고 말했다. 하지만 그 벽은 당연히 아버지가 언급할 때만 등장했다. 말이 가진 신비한 마력에 의해 네 사람 사이에 갑자기 벽이 생겨버렸다. 아버지가 벽을 더 많이 언급할수록 벽은 더 두꺼워졌고, 아들은 그 뒤로 모습을 감추었다. 아버지에게 아들의 침묵은 벽이 있다는 증거였기에 아버지는 아들에게 어떤 부탁도 하지 않았고, 심지어 아들을 부르지도 않았다. 문제를 해결하려고 한 말이겠지만 아버지는 그들 사이에 벽이 있다고 주장함으로써 벽돌과 회반죽으로 만든 성곽보다 더 단단하게 벽을 세우고 있다는 사실을 깨닫지 못했다. 그때부터 모든 의사소통은 벽과 관련된 말로 이루어졌다. 모든 침묵은 벽이 존재한다는 증거가 되었다.

여기서 말을 조금만 바꾸면 대화가 어떻게 바뀌는지 보라.

"우리 사이에 벽이 있다고 가정해 볼 생각이 있니?"

이렇게 아버지가 묻고 아들이 동의한다면 둘은 벽을 철거하려 할 것이다. 어쩌면 아들이 먼저 "제가 보이지 않는 존재가 된 것 같아요"라고 부모에게 말할 수도 있다. 이에 놀란 부모는 진정한 관계를 형성하기 위해 눈앞에 있는 아들에게 집중하기 시작할 것이다. 아버지가 먼저 대화를 시작할 수도 있다.

"아들아, 너는 내 인생 최고의 사건이란다."

"아들아, 이 상황에서 가장 화나는 게 뭐니?"

"아들, 이제껏 아무에게도 하지 않은 말을 너에게 할 거야."

아들은 이런 말을 듣고 아버지를 올려다본다. 이로써 이들은 가능성을 탐색하는 여정에 첫발을 내딛게 된다.

추상적 관념을 무심코 물리적인 실재로 취급하면 우리는 있는 그대로 보지 못하게 된다. 있는 그대로 보지 못하면 원하는 것을 이룰 능력은 축소된다.

미궁 속 대화

지난 장에서는 두 자아, 즉 계산하는 자아와 중심 자아를 구분하는 방법을 제시했다. 계산하는 자아 모드일 때 우리는 장애물 넘기 경기 참가자처럼 장벽에만 집중하며 끊임없이 고군분투한다. 이뿐 아니다. 언어를 이용해 방해물의 개념을 강화한다. 벽과 장애물이 얼마나 높고 많은지, 이것을 넘어가기 위해 무엇이 필요한지 이야기한다. 이런 대화는 끝이 없는 미궁 속 대화다. 이는 사다리를 타고 올라가 최고의 자리에 앉으려는 마음에서 비롯한다.

미궁 속 대화는 가능성을 배제하는, 일종의 체념 섞인 말하기다. "클래식 음악을 지지하는 세대가 사라지고 있어"라는 말이 그 예다. 다음 대화도 마찬가지다.

"문화가 완전히 상업화되어서 아무도 순수 예술을 지원하고 싶어 하지 않아."

"요즘 학생들은 대중음악에만 관심이 있어. 클래식 음악을 듣는 사람들이 급격히 줄어들고 있어. 확실히 클래식 음악은 죽어 가고 있어."

미궁 속 대화는 경주에서 뒤처질 거라는 두려움에 기반을 두며 환경에 민감하다. 특히 문제가 있거나 고쳐야 할 필요가 있는 환경에 더욱 민감하게 반응한다. 모든 산업과 직업에는 특유의 미궁 속 대화 방식이 있다. 인간관계도 마찬가지다. 미궁 속 대화는 결핍이라는 추상적 관념에 집중하고, 한계를 설정하며, 결코 무너뜨릴 수 없는 이야기를 만들어 낸다. 가능한 일에서도 한계를 먼저 언급하고, 일이 어떻게 갈수록 악화하는지를 설득력 있게 설명한다.

그렇다면 왜 대화는 갈수록 미궁으로 빠져들까? 왜 모든 것이 절망적으로 변해갈까? 빨간 자동차를 사자마자 도로에 온통 빨간 차만 있는 것 같고, 임신하면 그간 보이지 않던 임산부들이 갑자기 나타나는 것과 같은 이치다. 특정 주제에 주목할수록 더 많은 흔적이 나타난다. 관심은 빛, 공기, 물과 같다. 장애물이나 문제에 집중하면 그것들은 풍성하게 증식한다.

있는 그대로 존재하기 연습은 계산하는 자아가 제멋대로 만들어 놓은 상상의 팩트를 체크해 보는 것이다. 이를테면 누군가의 말에 지친 경찰이 "사실만요, 사실만 말해주세요" 하는 상황과 비슷하다. 가능성이 빛을 발산하기 위해서는 있는 그대로 보는 일부터 시작해야 한다. 그리고 열려 있는 공간, 즉 밖으로 이어지는 길에 집중해야 한다.

그러면 방해물도 그저 현재 상태에 불과하다는 사실을 깨닫게 된다. 이것들은 과거에 일어났거나 지금 일어나고 있는 일 그 이상 이하도 아니다. 앞서 등장한 아버지는 "아들의 삶에 관해 진지하게 생각해 보지 않았어요. 아들은 어떤 정보도 자발적으로 주지 않았으니까요"라는 식으로 가족의 현재 상태를 진술할 수 있다. 그리고 "아들에게 어떻게 질문해야 할지 모르겠습니다. 아들이 나에게 와서 이야기하지 않는다는 사실 때문에 짜증이 났습니다"라고 있는 그대로 계속 진술하면 아버지는 상황을 분명히 보게 된다. 여기에 아들의 관심거리를 추가로 물으면 두 사람의 관계는 한 단계 발전할 수 있을 것이다.

  이는 오케스트라의 상황에도 적용해 볼 수 있다. 오케스트라 이사장은 "3월 14일 연주회에는 관객이 800명, 4월 10일 프로그램에는 700명이 참석했습니다"라는 보고에도 만족할 수 있다. 관객이 감소 추세라는 식의 해석을 굳이 덧붙이지 않고 말이다. '줄어드는 관객'이라는 괴물은 언제나 누군가의 이야기 속에만 등장할 뿐 실제로는 어디에도 존재하지 않기 때문이다. 하지만 공연을 보고 나오는 700명은 실재한다. 그 700명과는 일일이 악수도 할 수 있고, 전단을 나누어 주며 "다음 공연에서 뵙길 바랍니다"라고 말할 수도 있다.

가능성 속에서 말하기

  가능성을 말하는 사람은 종종 몽상가나 순진한 낙관주의자로 무시당한다. 반대론자는 소위 사실주의를 내세우며 자신만만해한다. 하지만 이렇게 물이 담긴 잔을 '절반이 비어 있는 잔'이라고 보는 사람도 실은 허구를 바탕으로 한다. '비어 있음'과 '부족함'도 '벽'과 마찬가지로 추상적 관념일 뿐이다. 반면 '절반이 차 있다'라는 말은 물리적인 실체를 측정하는 말에 가깝다. 이런 관점에서 보면 낙관론자는 실재에 집중하며 실제로 유리잔에 담겨 있는 물질을 묘사하는 사람일 수 있다.

있는 그대로 존재하기는 보이지 않는 추상의 손아귀에서 벗어나는 연습이다. 생존하기 위한 위험 방지책으로 만들어진 추상적 관념을 깨뜨리는 연습을 해서 분별력을 갖게 되면 가능성의 영역, 이를테면 꿈과 비전의 세계로 들어갈 수 있다. "나에게는 꿈이 있습니다"라는 마틴 루서 킹 주니어Martin Luther King, Jr. 목사의 불멸의 말을 습관적으로 되뇐다고 치자. 말이 현실을 창조한다고 생각하면 가능성을 품은 말이 나온다. 핵심은 우리가 무언가를 어떻게 정의하느냐에 따라 삶의 틀이 정해진다는 것이다.

7장과 이 책 전반에서는 미궁 속 대화와 가능성의 대화를 구분하는 연습을 할 것이다. 내가 다음 두 가지 중 어떤 방식으로 질문하는지 스스로 생각해 보자.

로저먼드: "저는 제인 구달Jane Goodall이 하는 일을 하고 싶어요.

 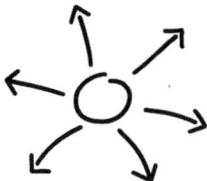

이런 방식으로 말하고 있나?   아니면 이런 방식으로 말하고 있나?

하지만 그 사람이 매일 접하는 공포는 마주하고 싶지 않아요."

나와 해변을 함께 걷던 중 딸이 말했다. 더없이 반짝이던 푸르디푸른 하늘, 산들바람, 따스한 향기, 밝은 햇살, 멀리서 들리는 새소리까지 이보다 완벽한 순간은 없었다. 이처럼 맑은 날, 그러니까 아무런 위험도 부담도 없는 날에 우리는 열정 속에서 충만한 존재가 된다. 하지만 고통과 상실 혹은 실망이 가득한 상황에서 우리는 어떻게 존재해야 하는가?

그때 나는 딸에게 이야기를 하나 들려주었다. 나는 샌프란시스코에서 열렸던 세계현황포럼State of the World Forum에서 제인 구달의 연설을 들었다. 야생 침팬지 연구로 명성을 얻었던 제인 구달은 탄자니아 및 아프리카 여러 지역에 보호 구역을 지정하고, 생물 다양성이 구현된 환경에서 침팬지가 조화를 이루며 살 수 있도록 지역민과 함께 일했다. 또 제인은 '뿌리와새싹Roots & Shoots'이라는 단체를 만들었다. 이 단체에서는 생태계를 보전하기 위해 최소 50여개국에서 모은 어린이를 교육하고 있으며, 전 세계 정부가 이 단체를 지원해 주었다. 제인은 침착한 말투로 현장을 사로잡았다. 제인은 밀렵과 학살, 자연 파괴, 서식지 붕괴까지 모든 것을 이야기했다. 하지만 제인의 말은 가능성을 가로막는 장벽이 아니었다. 제인은 과거를 부정하지 않았고, 비난의 말을 넌지시 던지지도 않았다. 우리가 대부분 고통스러워하는 일을 언급할 때는 그저 담담히, 있는 그대로 모두 전했다. 그러고는 우리에게 앞으로 나아가야 할 길을 보여주었다. 제인의 얼굴에는 오로지 연민과 사랑만이 흐르고 있었다. 이런 제인의 초월적인 힘은 있는 그대로 존재하고자 하는 데에서 나왔다.

있는 그대로 존재하기 위해서 우리는 자신을 확장해야 한다. 지금 이 모습에서 시작해야지 '되어야 하는 모습'에서 시작해서는 안 된다. 도망가지 않고, 비난하지 않으며, 무언가를 고치려는 시도 없이, 반대 의견과 고통스러운 감정, 두려움, 추측마저도 끌어안은 채 날아오르는 법을 배워야 한다. 한 마리의 독수리처럼 높이 날아올라 전체 풍경을 내려다볼 수 있어야 한다.

있는 그대로 존재하려는 연습을 통해 우리는 열린 공간으로 내려가 앉을 수 있다. 그곳에는 우리가 다음 단계로 도약하도록 도와줄 '진실'이 기다리고 있다. 하늘은 활짝 열려 있다.

8장

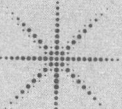

열정에
내맡기기

무언가 소원을 빌어야 한다면 부와 권력을 달라고는 빌지 않겠다. 대신 가능성을 향한 뜨거운 열정과 희망을 볼 수 있는, 영원히 늙지 않는 생생한 눈을 달라고 빌 것이다. 쾌락은 실망을 안기지만 희망은 절대로 실망을 안기지 않는다. 세상에서 어떤 와인이 희망만큼 빛나고, 향기로우며, 사람을 취하게 하겠는가?

-쇠렌 키에르케고르 Søren Kierkegaard,
『이것이냐 저것이냐 Either/Or』

우리는 에너지와 그 에너지의 공명으로 둘러싸여 있다. 우주는 생명력으로 번득이고 있다. 우리는 어떻게 그 근원에 다가갈 수 있을까? 활력을 일으켜 줄 콘센트를 어디서 찾을 수 있을까? 오늘을 살아내기 위해서 우리 안에서 에너지를 끌어올려야 하나, 아니면 외부에 흐르는 다른 원천을 붙잡아야 하나?

존재와 존재를 이어주는 통합의 에너지가 생명력을 표출하며 사방팔방에 흘러 다닌다고 가정해 보자. 그리고 우리 안에 이 생명력을 차단하는 장치가 있다고 해보자. 당연히 우리의 의식은 다르게 말할 것이다. 세상은 부분으로 나누어져 있고, 사람은 별개의 독립체이며, 모든 모양에는 경계가 있고, 사과와 오렌지는 서로 비교 대상이 되지 못한다고 속삭인다. 살면서 앞서 말한 통합의 에너지를 경험하기는 쉽지 않다. 토끼 굴속으로 떨어진 앨리스Alice처럼 아주 가끔 우연히 이 에너지를 만날 뿐이다. 이런 에너지의 공명을 경험하면 우리는 놀란다. 비범한 자신, 혹은 지극히 근원적인 자아를 마주하기 때문이다. 물론 평상시에도 우리의 정신과 몸은 경계 짓기를 완전히 포기할 수 있다. 일단 어디에 어떻게 선이 그려지는지 알면 선 긋기를 잠시 유보할 수 있다.

8장에서 하게 될 연습은 두 단계로 이루어진다.

1. 자신이 어디에서 멈칫하는지 알아차린 후 그것이 자연스럽게 흘러가게 두어라. 자아의 경계를 해제하라. 경계는 자아를 분리하고 통제하려 들기 때문이다. 그리고 열정의 생명

력이 당신을 뚫고 솟아나게 하라. 그 생명력으로 모두와 연결되어라.

2. 전력으로 참여하라. 열정이라는 물줄기를 형성하는 물길이 되어 세상을 새롭게 표현하라.

문명사회는 예측 가능성과 질서를 추구하고 이는 일이 수월하게 진행되도록 돕는다. 예를 들면 회사를 설립하거나 아이를 지도할 때, 별을 공부하거나 교향곡을 작곡할 때 예측 가능성과 질서가 있으면 편리하다. 하지만 이런 예측 가능성과 질서는 우리가 서로 분리된 채 경계를 더 확장하며 살아가게 한다. 일상뿐 아니라 도시와 마을이 분리를 강화하는 직선의 형태를 띠는 까닭은 우리의 이런 인지 지도가 반영되었기 때문이다. 따라서 경계가 없는 야생 속에서 우리는 더 위대한 생명력을 경험할 수 있다. 자연과 우리 사이를 가로막고 있는 문을 열기 위해서는 자연에 항복할 필요가 있다.

도약

로저먼드: 3월 말, 당시 뉴잉글랜드 북부 지역의 풍경은 극적인 분위기를 띠고 있었다. 하늘과 산은 어둑어둑하여 희미했고,

어두운 강물은 얼음 밑에서 들썩이고 있었다. 봄이 거침없이 그 틈을 열고 있었다. 나는 흔들다리 위를 걸었고, 아래에는 강물이 가공할 위력을 뽐내며 흐르고 있었다. 나는 왕성한 자연 활동이 벌어지고 있는 맞은편 강둑 밑으로 내려갔다.

나는 그곳에서 어떤 장면을 마주했다. 사납게 흐르는 물살에 들쑥날쑥해진 얼음 조각이 겹겹이 쌓여 거대한 삼각뿔을 이루었다. 푸른빛 얼음은 그렇게 하늘을 향해 꼿꼿이 서 있었다. 강물은 미친 듯이 포효했고, 물살은 끊임없는 에너지로 요동쳤다. 그야말로 사납고, 통제 불가능한 자연의 모습이었다. 생각이 마비되는 것 같았다.

나는 동요했다. 그곳에서 오래 있을 수는 없었다. 귓가를 사납게 울려대며 흐르는 걷잡을 수 없는 힘으로부터 나를 보호하기 위해서 강둑을 올라가 근처 식당에 갈 수도 있었고, 더 편안한 길을 찾을 수도 있었다. 하지만 나는 강둑 위에서 우두커니, 미동도 하지 않은 채로 실존을 위한 도약을 시도했다.

"이 힘이 나를 통과하게 해보자."

나는 한 발짝도 움직이지 않고 자연을 허락했다.

"이 힘의 방향에 내 세포 속 분자를 하나하나 맡겨보자. 믿고 항복하자. 이 힘이 나에게 주려는 것을 받아들이자."

그러자 정말 변화가 일어났다. 지금까지 살면서 열정이 필요할 때마다 그날의 강이 내 마음속에서 요동친다. 정신을 마비시킬 정도로 거침없이 돌진하는 소리가 아직도 생생하다. 수십억 원자가 움직이는 소리다. 나는 얼음이 어떻게 길에서 벗어나 바다를 닮은 형상으로 도약하는지, 어떻게 영광을 향해 가는지 목격한다.

수개월이 흐른 후, 어느 눈부신 여름날 오후 뉴잉글랜드 해변에서 나도 모르게 외쳤다.

"자연은 내게 뭘 요구할까?"

이토록 아름다운 광경 앞에서 나는 어찌해야 할 바를 몰라 이렇게 툭 내뱉었다. 카누를 타고 짙은 초록빛 외딴 만으로 갔다. 그곳에는 굽어버린 전나무가 절벽 가장자리 위로 뿌리를 뻗은 채 있었다. 눈부신 햇살을 받으며 흔들리는 풀과 물 위를 빠르게 나는 새가 있었다. 때 묻지 않은 자아로부터 생겨난 질문은 놀랍게도 곧장 답을 얻었다.

"자연은 나에게 물과 무거운 바위가 되어보라고 해. 가지와 잎을 뻗어보라고 해. 수면을 미끄러지듯 날면서 느껴보라고 해. 자연에 동참하라고!"

그날 나는 그림을 그렸다. 캔버스에는 자연의 힘이 서려 있었다. 대상이나 선·색깔이 아니라 약동하는 힘·기하학적 활기·색의 열정이 드러나 있었다.

당신은 당신만의 고유한 활기와 생명력, 에너지로 움직이는 존재입니다. 역사를 통틀어 당신은 오직 한 명이기에 당신을 통해 드러나는 모든 것은 특별합니다. 만약 당신의 고유함을 제한한다면 그것은 다른 매개체를 통해서는 절대 존재할 수 없으므로 영원히 자취를 감출 겁니다. 그리하여 세상은 그것을 잃게 됩니다. 그것이 얼마나 좋은지, 얼마나 가치 있는지, 다른 것과 어떻게 다른지는 신경 쓰지 마세요. 당신은 그저 거침없이, 분명하게 당신의 고유함을 유지하면 됩니다. 문을 활짝 열어두세요.

-마사 그레이엄 Martha Graham(아그네스 더밀 Agnes DeMille,
『마사: 마사 그레이엄의 인생과 작품 Martha: The Life and Work of
Martha Graham』 인용)

긴 흐름

파도의 흐름에 몸을 맡겨야 한다는 사실을 잊은 사람처럼, 풀을 헤치며 불어오는 바람의 움직임을 잊은 사람처럼, 연주자도 개별 음과 화음을 완벽하게 내는 데에만 골몰하면 곡의 긴 흐름을 놓친다. 자신의 손끝에 모든 자연이 들어 있다는 사실을 잊은 채 생명력이 표출되는 것을 차단한 사람처럼, 순간적인 감정과 지엽적인 부분, 화성 변화에만 집중한다면 곡 전반에 흐르는 감정의 흐름을 끊어버릴 수 있다. 이렇게 숲이 아니라 나무만 강조하다 보면 공연은 지루하고 부자연스러워진다.

그 대표곡이 바로 베토벤의 〈월광 소나타 Moonlight Sonata〉다. 왼손의 선율 대신 오른손의 셋잇단음표만을 강조하면 그 의미가 완전히 달라진다. 이는 종종 있는 일로, 침울한 느낌을 주는 오른손의 개별 음에만 초점을 맞추다 보면 박자가 느려져서 베토벤이 원래 의도했던 가볍고 진취적인 환상곡에서 벗어나 다른 성격의 곡이 된다. 자동으로 깊은 향수와 후회가 담긴 곡이 되어버린다.

유명한 피아니스트이자 스승인 리언 플라이셔 Leon Fleischer는 '곡을 연주한다는 것은 중력을 벗어나는 연습'이라고 말했다. 음악인은 듣는 이가 악보의 세로줄, 그러니까 음악의 전체 흐름과는 상관없이 인위적으로 구분한 세로줄이 아닌 곡 전반을 이해하는 데 관심을 두게 해야 한다. 곡 전체의 연결에 초점을 맞추어 연주하다 보면 개별 음표와 화음을 신경 쓰며 연주할 때보다 더 빠르게 연주하게 될 수도 있다. 베토벤과 로베르트 슈만 Robert Schumann의 작품 속 메트로놈 표시가 연주자와 학자들이 연주하기에 빨라도 너무 빠르게 표기된 이유가 이 때문이다. 두 작곡가에게는 음악의 전체 흐름이 무엇보다 중요했다.

우리가 속한 세상의 더 큰 흐름에 집중할 때 삶은 진짜로 흐른다. 연주자가 곡 전체의 구조를 담고 있는 음과 그저 장식일 뿐인 음을 구분할 수 있어야 그 곡이 비상하는 것처럼 말이다. 개인이 생존이라는 장벽을 초월하여 생명력을 실어 나르는 고유한 물길이 될 때에야 삶은 비로소 제 모양과 의미를 갖춘다. 이와 같은 맥락으로 음도 구조적으로 연결할 수 있어야 곡이 긴 호흡으로 소생한다. 날갯짓을 하지 않고도 상승 기류를 타고 떠오르는 한 마리의 새처럼 말이다.

  벤저민: 몇 해 전, 플로렌스에 있는 음악원에서 화성학을 공부했다. 수업에서 우리는 음악 속 모든 화성 분석 기호를 배웠다. 화성 분석법은 사무실을 칸칸이 나누는 작업 같았다. 교수는 각 화성이 어떻게 연결되는지는 전혀 언급하지 않았다. 음악의 흐름과 화음의 구조로부터 동떨어진 수업이었다. 우리는 곡 전체를 조망할 수 없었다. 높은 곳으로 올라가서 곡의 긴 흐름과 전체를 아우르는 구조를 이해해야만 곡에서 새로운 의미를 발견할 수 있다. 이는 땅에서 보는 것과는 전혀 다르다. 음악의 본질적 형태가 드러나야 곡을 온전히 경험할 수 있다.
  내가 월넛힐 예술학교에서 마스터 클래스 수업을 하던 중 한 학생이 의견지에 근사한 말을 적어냈다. 어느 날 그는 동료 학생이 연주하는 바흐의 〈무반주 첼로 모음곡 제2번 D단조 Suite No. 2 in D Minor for Cello〉 중 1악장을 들었다. 표현은 풍부했지만 곡 고유

의 분위기는 살리지 못했다. 연주자는 목적 없이 이리저리 헤매는 것 같았다. 그는 깔린 화음의 진행과 선율을 분명하게 이해하지 못해서 어디에서 쉬어야 할지, 어디를 강조해야 할지 모르는 눈치였다.

수업에서 곡의 구조와 방향, 성격을 분석한 후 그 학생이 다시 연주를 했다. 첫 연주 때 놓쳤던 흐름도, 일관성도 좋아졌다. 다음은 그 연주를 듣고 몇 분 후 어맨다 버가 쓴 글이다.

> 안경을 벗을 때마다(보통 그러다가 떨어뜨리지만) 저는 당황하곤 합니다. 그 짧은 시간에 풀은 초록빛 솜털로, 태양은 꿀이 넘쳐흐르는 컵으로 변하기 때문입니다. 흐려진 자연은 추하거나 공격적이지 않습니다. 하지만 그 순간 저는 제가 어디 있는지 모르는 상태가 됩니다. 친구를 알아볼 수도 없고요. 넘어지는 일도 다반사고요. 처음 하늬Hanui의 연주는 이처럼 희미한 아름다움에 지나지 않았어요. 어떤 것도 분명하지 않았죠. 흐릿함 속에서 저는 헤매었어요. 하지만 하늬에게 변화가 일어나니 연주는 더 선명해졌어요. 더 섬세한 아름다움을 갖추기 시작했어요. 바흐가 쌓아 올린 성이 마침내 가슴 시리도록 영광스러운 모습으로 등장했어요.

한쪽 엉덩이로 연주하기

　마스터 클래스에서 젊은 피아니스트가 쇼팽의 전주곡을 연주하고 있었다. 곡의 핵심 개념은 거의 다 알았지만 연주는 여전히 답보 상태였다. 머리로는 곡을 이해하고 다른 사람에게 설명도 할 수 있었지만 음악의 진짜 언어인 감정적인 에너지를 전달하기에는 역부족이었다. 그때 나는 열쇠가 될 만한 사실을 깨달았다. 그는 너무 꼿꼿한 자세로 앉아 있었다. 나는 불쑥 말했다.
　"양쪽 엉덩이를 의자에 딱 붙이고 연주하기 때문이에요!"
　나는 그에게 몸 전체가 옆으로 기우는 걸 허용하라고 했다. 음악의 흐름에 따라 몸의 형태도 바꾸어야 한다고 강하게 설득했다. 그러자 갑자기 음악이 날아오르기 시작했다. 연주를 듣던 다른 사람들도 같이 놀랐다. 그곳에 있는 모든 사람의 감정을 찌르는 순간이었다. 그날 새로운 개념이 생겨났다. 바로 '한쪽 엉덩이 연주자'라는 개념이었다. 그날 참석했던 어느 회사 사장이 나에게 이런 메시지를 보냈다.

　　그날 너무 감동한 나머지 돌아가서 회사 전체를 '한쪽 엉덩이' 회사로 바꾸었습니다.

　그가 무슨 말을 하는지는 정확히 이해하지 못했지만 나만의 방식으로 정리해 보자면 다음과 같을 것이다. 사원 모두에게 열정을 일깨워 주면 사업 계획을 세우는 데에도 박차를 가할 수 있다. 이는 팀을 구성하는 동기가 되고, 개인의 이기심을 가라앉힌다. 그리고 회사 전체에서 의사소통이 얼마나 시급한지를 깨닫는다. 내가 상상한 장면은 이렇다. 사장이 회사에 돌아가서 열정과 확신이 가득한 목소리로 직원들에게 말한다. 사장의 말은 모든 직원의 정신과 몸, 마음까지 사로잡는다. 직원들은 갑자기 자신이 왜 여기에 있는지, 무엇을 위해 회사가 존재하는지를 깨닫는다. 직원 중 한 사람이라도 길을 잃거나 헤매면 사장은 몸을 기울인다. 그리고 높이 솟아오르는 미래를 자신 있게 제시한다.

1905년 재클린 뒤프레Jacqueline Du Pré를 만난 적이 있다. 당시 나는 스무 살, 재클린은 열다섯 살이었다. 수줍어하는 여학생에 지나지 않았던 재클린은 당대 최고의 첼리스트로 성장했다. 우리는 슈베르트의 〈현악 5중주 C장조String Quintet in C major〉를 함께 연주했다. 재클린은 강렬하고 열정적인 파도처럼 곡을 연주했다. 나는 그 모습을 잊을 수 없다. 재클린의 이야기를 들려주자면, 재클린은 여섯 살이 되던 해 첼리스트로서 첫 경연에 참여했다. 경연 날, 재클린은 자신의 키보다 훨씬 큰 첼로를 들고 함박웃음을 지은 채 경연장 복도를 뛰어갔다고 한다. 건물 관리인이 그 모습을 보고선 "이제 막 연주를 마쳤구나!"라고 말하자 재클린은 이렇게 말했다.

"아뇨, 이제 연주할 차례에요!"

여섯 살 때, 재클린은 이미 음악이 쏟아져 들어가는 물길이 되었다. 재클린은 지극히 주관적인 자기만의 표현 방식에 확고한 자신감이 있었다. 재클린의 공연을 보고 사람들은 공연에서 중요한 것은 마음을 가다듬고 집중해서 연주하는 게 아니라 청중에게 문을 열어주고, 음악의 에너지가 흘러나오게 해주며, 고유한 목소리로 함께 노래하는 것이라는 사실을 깨달았다.

젠장맞을 실패를 넘어서

뉴잉글랜드 음악원에서 진행한 수업의 수강생이던 스페인 출신 학생이 내게 오디션 준비를 도와달라고 부탁했다. 바르셀로나 심포니 오케스트라Barcelona Symphony Orchestra의 부수석 첼리스트 자리가 걸린 오디션이었다. 그는 곡을 우아하고 정확하게 연주했다. 전문가의 기준에서 연주는 완벽했다. 나는 그에게 오케스트라에 충분히 들어갈 수준의 연주였다고 말해주었다. 하지만 진정한 리더십을 보여주기에는 부족해 보였다. 곡의 색채와 연주 강도는 물론 곡을 끌고 가는 힘과 열정적인 지휘 능력도 부족했고, 단원 모두를 능력치 이상으로 끌고 가는 에너지 또한 부족했다. 나는 피아노를 치고 노래를 했다. 그를 구슬리기도 하고 압박하기도 하면서 경직된 모습이 풀릴 때까지 기다렸다. 그는 마침내 진심으로 연주하기 시작했고, 안토닌 드보르자크 $^{\text{Antonín Dvořák}}$의 협주곡이 절정에 치달았을 때 모든 열정과 에너지를 쏟아부었다. 그가 에너지를 쏟아낼 때 나는 그를 잠시 멈추게 하고 이렇게 말했다.

"잠시만요. 바로 이거예요. 이렇게 연주하면 모두가 당신의 말을 따를 겁니다. 사람들은 당신이 지닌 강력한 에너지에 고무되어 최선을 다할 거예요."

그는 이마와 첼로에 맺힌 땀을 닦았고 우리는 부엌으로 가서 저녁을 먹었다. 그날 저녁, 나는 집을 나서는 그에게 외쳤다.

"기억해요, 마리우스 ^{Marius}. 두 번째 방식으로 연주해요!"

"네, 그렇게 하겠습니다!"

3주 후, 그에게서 전화가 왔다.

"마리우스, 어떻게 됐죠?"

"어…… 성공하지 못했습니다."

"무슨 일이 있었나요?"

나는 이렇게 물으며 마리우스를 위로하려 했다.

"첫 번째 방식으로 연주해 버렸습니다."

그는 있는 그대로 대답했다.

"괜찮아요, 마리우스. 다른 기회가 또 있을 겁니다."

나는 이렇게 말하면서 마리우스가 지닌 엄청난 능력을 발산할 수 있도록 더 도와야겠다고 다짐했다. 하지만 마리우스는 이미 스스로 돌파하는 법을 알고 있었다.

"아뇨, 끝까지 들어주세요. 저는 자신에게 너무 화가 나서 '젠장, 마드리드로 가서 수석 첼리스트 자리 오디션을 봐야겠어!'라고 마음먹었습니다. 그러곤 성공했어요. 두 배 높은 급여로요!"

"무슨 일이 있었던 거죠?"

나는 놀라서 물었다. 그가 웃으며 대답했다.

"두 번째 방식으로 연주했죠."

그 후로 우리는 이 수업에 '젠장맞을 실패를 넘어서'라는 새로운 이름을 붙여주었다. 그리고 이것은 모든 수업의 전통이 되었다. 마리우스는 우리에게 실패로 멈춰 서기 전에 다시 날아오르는 기개를 보여주었다.

캘리포니아에 있는 가톨릭 여학교를 방문한 적이 있다. 그로부터 몇 달 후, 나는 학장에게서 편지를 받았다. 그 편지에는 '젠장맞을 실패를 넘어서자'가 학교의 비공식 교훈이 되었다고 적혀 있었다.

젠더 지휘자님께

제가 A 학점을 받은 이유는 아주 특별하고 밝은 예술가이기 때문입니다. 삶의 진정한 예술가 말이죠. 삶을 향한 끝없는 열정은 제가 가진 가장 값진 보물입니다.

슈 펀 Shu Fen

처음 질문으로 돌아가 보자.

"변화의 에너지에 접속할 수 있는 콘센트는 어디에 있는가?"

변화는 악보의 세로줄 너머, 새가 솟아오르는 곳에 있다. 음악의 템포를 찾아 흐름에 몸을 맡기면 변화에 합류할 수 있다. 용감하게 경계에서 벗어나라. 그리고 참여하라!

9장

불붙이기

벤저민 : 어린 시절의 생생한 기억 중 하나는 아버지에 관한 것이다. 어느 날 아버지는 스리피스$^{\text{Three-Piece}}$ 정장을 입고선 야간열차를 타고 스코틀랜드에 있는 항구 도시 글래스고로 떠났다. 나는 어머니에게 아버지가 얼마 동안 여행하는 거냐고 물었다. 어머니는 내일 저녁에 아버지를 볼 수 있을 거라고 했다.
"아버지는 신사분과 의논할 일이 있어서 글래스고에 가는 거야. 글래스고 기차역에서 아침을 먹은 후 바로 다음 열차를 타고 런던으로 돌아올 거란다."
"특별한 친구예요?"
내가 이렇게 묻자 어머니는 아버지가 만나는 사람은 내가 모르는 사람이며, 아버지도 거의 모르는 사람이라고 했다. 나는 어리둥절했다. 그때 나는 여덟아홉 살쯤 되었던 것 같다. 그 후에 나는 아버지에게 왜 전화를 이용하지 않고 상대를 직접 만났느냐고 물었다. 아버지는 교훈을 전할 태세로 눈썹을 올린 채 눈을 반짝였다. 아버지는 집게손가락을 들고는 이렇게 말했다.

"인생에서 어떤 일들은 직접 하는 게 더 낫단다."

어린아이였던 내 눈에 기차 여행과 아버지가 준 교훈은 신비롭고 멋져 보였고, 상상력을 자극했다.

1981년, 제네바에서 열리는 에비앙 페스티벌Évian Festival 주최 측이 뉴잉글랜드 음악원 오케스트라의 참여 여부를 물어왔다. 아버지와의 오랜 기억을 활용할 기회였다.

페스티벌 주최 측은 러시아 최고의 첼리스트인 므스티슬라프 로스트로포비치Mstislav Rostropovich를 초청해 앙리 뒤티외Henri Dutilleux의 첼로 협주곡을 연주해 보는 게 어떠냐고 제안했다. 나는 로스트로포비치와 아는 사이였기에 그의 비서에게 연락해서 해당 날짜에 참여할 수 있느냐고 물었다. 비서는 "이번 4월을 말씀하시나요? 로스트로포비치 씨는 현재 1984년까지 스케줄이 꽉 차 있습니다. 불가능할 것 같습니다"라고 말했다. 그때 나는 로스트로포비치가 앙리 뒤티외의 음악을 아주 좋아했으므로 관심을 보일 수도 있다고 생각했다. 나는 비서에게 그와 직접 통화를 해도 되겠느냐고 물었다. 비서는 시큰둥했지만 정 통화를 원한다면 수요일 아침 10시에 가능하다고 말했다.

스리피스 정장을 입고 기차역으로 떠나던 아버지의 모습이 떠올랐다. 나는 수요일 아침 일찍 공항으로 가 워싱턴행 비행기에 올랐다. 그리고 10시가 되기 바로 직전에 로스트로포비치의 사무실에 도착했다. 비서는 깜짝 놀라며 짜증이 역력한 표정을 지었다. 하지만 곧 로스트로포비치에게 내가 왔다는 사실을 알리고 나를 방으로 안내했다. 로스트로포비치는 몇 해 전 옥스퍼드 대학교University of Oxford 마스터 클래스에서 첼로 개인 지도를 받았던 나를 기억했다. 그러곤 특유의 포옹으로 나를 맞아주었다. 로스트로포비치는 소파에 자리를 잡고 사랑하는 친구이자 천재적인 작곡가 앙리 뒤티외에 관해 이야기를 시작했다.

로스트로포비치는 뒤티외의 천재성과 현대 음악에서 차지하는 독창성을 이야기하면서 얼굴에 생기가 가득해지더니 이내 빛이 나기 시작했다. 로스트로포비치는 갑자기 내게 공연이 언제냐고 물었고, 나는 날짜를 말했다. 그는 스케줄을 살피더니 말했다.

"할 수 있겠어요. 공연 당일 오후에 리허설을 한 번만 해도 괜찮다면요. 그리고 공연을 마치면 바로 떠나야 합니다. 다음 날 아침에 제네바에서 다른 리허설이 있거든요."

로스트로포비치 자신에게는 여러모로 합리적인 결정이 아니었다. 이는 순전히 뒤티외의 음악을 향한 열정 때문이었다. 음악원 오케스트라 역시 낯설고 까다로운 뒤티외의 협주곡을 연주하기란 여간 위험한 일이 아니었다. 그것도 솔리스트와 단 한 번 합을 맞춘 뒤에 무대에 오르다니. 어쨌든 우리는 이 무모한 짓을 하기로 합의를 보았다. 나는 도착한 지 20분 만에 비서에게 "공연하기로 했습니다"라고 중얼거리듯 말하면서 나왔다. 비서는 황당한 표정을 지었다.

나는 정오쯤 되어 그날 아침 타고 온 비행기와 같은 비행기에 몸을 실었다. 승무원도 같은 사람이었다. 나를 알아본 승무원이 "아침 8시에 저희 비행기를 타지 않으셨나요?" 하고 물었다. 나는 아버지가 했던 말을 똑같이 했다.

"인생에서 어떤 일들은 직접 하는 게 더 낫거든요."

로스트로포비치가 우리와 공연하기로 약속한 사실이 너무 기쁜 나머지 나는 승무원에게 그날 있었던 일을 전부 말해주었다. 로스트로포비치가 워싱턴 심포니 오케스트라National Symphony Orchestra of Washington의 지휘자란 걸 알고 있던 승무원이 기내 방송을 시작했다. 여기 이분이 워싱턴에 직접 와서 한 시간 만에 로스트로포비치를 꾀어낸 덕에 협연이 결정되었다고 말이다.

연습: 가담시키기

9장에서 할 연습은 '가담시키기'다. 가담시키기는 상대방을 감언이설로 꼬드기거나, 압박을 가하거나, 꼬투리를 잡는 것이 아니다. 가담시키기는 가능성의 불꽃을 만들어 다른 사람과 공유하는 것이다.

중세 시대에 불을 피우는 건 고된 일이었다. 그래서 사람들은 금속 통에 타다 만 작은 재 조각을 지니고 다녔다. 작은 조각만으로도 온종일 불을 밝힐 수 있었기 때문이었다. 사람들은 늘 불씨를 지니고 다녔기 때문에 어디에서든 손쉽게 불을 붙일 수 있었다.

하지만 우리 우주는 생명의 불꽃으로 활활 타오르고 있다. 우리에게는 손끝 하나만으로도 가능성의 불꽃을 피울 수 있는 능력이 있다. 불을 지피는 원동력은 두려움보다는 열정이다. 결핍보다는 풍부함이 열정의 배경이 된다. 아버지가 나의 마음에 작은 불꽃을 일으켰듯 나도 로스트로포비치에게 가능성을 일깨워 주었다. 로스트로포비치는 한발 더 나아가 나를 위험성이 큰 모험에 가담시켰다. 이는 나중에 작곡가 뒤티외가 직접 에비앙 페스티벌에 참여하는 멋진 결과를 낳았다.

이처럼 가담시키기란 자신이 다른 사람에게 가능성이 되어 주는 것, 그리하여 불꽃을 피울 준비를 하는 것이다. 즉 파트너로서 함께 빛의 운동장에서 경기를 하는 것이다. 연습 단계는 다음과 같다.

1. 사람을 한 장의 초대장이라고 상상하라.
2. 참여하고, 기꺼이 감동하고, 영감을 얻을 준비를 하라.
3. 당신이 일으킨 불꽃을 나누어라.
4. 다른 사람도 열심히 불꽃을 일으킬 수 있다는 사실을 의심하지 마라.

'아니오'라는 말은 세상의 불을 자주 꺼뜨린다. 이 말은 마치 우리 눈에 보이지 않으면서 영원히 지속되는 장벽처럼 우리의 선택을 제한한다. 또 '아니오'는 공격하는 말이자 우리의 방식을 조종하고, 패배를 인정하게 한다. 상황을 있는 그대로 보지 않고, 그냥 문을 꽝 닫아버리는 말이 될 수 있다. 이 말을 마음에 담아 두지 않으면 덜 심각할 수 있을뿐더러 다른 말도 들을 수 있게 된다. 다른 희망, 즉 가능성을 초대하는 메시지가 같은 것 말이다. "여기서는 어떤 가능성도 보이지 않아. 나는 내 방식을 고수할래"라는 부정적인 말에서도 가능성을 볼 수 있게 된다는 뜻이다.

자전거 수리 이야기

로저먼드: 4월의 어느 아침, 나는 겨울잠을 자고 있던 자전거에서 먼지를 털어내고 박물관을 향해 페달을 밟았다. 강을 건너

꽃이 만발한 길을 따라 달렸다. 다리를 건너기 힘들어서 자전거를 살펴보니 앞바퀴의 바람이 빠져 있었다. 운 좋게도 다리 아래쪽에 공기 주입기가 있는 주유소가 눈에 띄었다. 가볍게 나선 탓에 주머니에는 10달러짜리 지폐 한 장밖에 없었다.

마침 직원처럼 보이는 덩치 큰 두 명의 남성이 서 있었다. 한 사람은 주유기 옆에, 한 사람은 뒷짐을 진 채 서 있었다. 두 사람에게 다가가 10달러짜리 지폐를 내밀며 물었다.

"공기 주입기를 이용하고 싶은데, 혹시 잔돈으로 바꾸어 주실 수 있나요?"

두 사람은 고개를 저으며 "아니요"라고 말했다. 일요일인지라 금전함에 동전이 떨어졌다고 말했다. 나는 바람 빠진 타이어를 보여주며 25센트짜리 동전 두 개가 없어서 공기 주입기를 이용하지 못한다고 했다. 그들은 또다시 고개를 저으며 시선을 피했다. 손은 주머니에 넣고 느릿한 곰처럼 발끝으로 바닥을 질질 끌며 서 있었다.

난처한 세 사람과 쓸모없는 10달러짜리 지폐, 덩그러니 놓인 공기 주입기, 탈 수 없는 자전거, 볼 수 없게 된 박물관의 작품까지, 정말이지 곤란한 상황이었다.

'이 사람들 정말 쓸모없네! 짜증 나. 어쩜 이렇게 옹졸할까!'

마땅한 해결책이 나오지 않았고 나는 속으로 계속 짜증을 냈다. 하지만 아무것도 바뀌지 않았다. 쓸모없는 공기 주입기와 바람 빠진 타이어, 값어치를 못 하는 지폐, 난처해진 세 사람……. 마지막 말에 갑자기 내 관점이 바뀌었다. 나에게 도움이 되지 않는다고 생각했던 사람들, 그러니까 주머니 속에 동전이 있으면서도 내게 건네지 않았던 이 사람들도 실은 나의 고통을 공유하고 있었다. 우리 세 사람은 모두 그 자리에서 난처해하고 있었다.

이렇게 조금 생각이 바뀌자 갑자기 주위가 환해졌다.

"25센트짜리 동전 두 개를 주실 수 있을까요?"

나는 밝고 친근하고 가볍게 물었다.

앞에 있던 남자가 수수께끼를 만나 당황한 사람처럼 고개를 들었다. 우두커니 서 있던 남자의 목소리가 갑자기 밝아졌다.

"네! 25센트짜리 동전 두 개 드릴게요!"

그는 주머니에서 돈을 꺼내 주었다. 그때 모든 것이 기적처럼 해결되었다. 동전과 공기 주입기, 자전거, 협력. 하지만 다른 남자는 어리둥절한 채로 서 있었다.

"박물관으로 가는 뒷길을 아세요?"

내가 묻자 그가 활짝 웃었다. 남자는 박물관으로 가는 다양한 길을 쏟아냈다.

만화경을 조금만 움직이면 다양한 패턴이 나타나듯이 우리 눈앞에 있던 장면은 부족함에서 풍부함으로 탈바꿈했다. 그저 프레임을 살짝 움직였을 뿐인데 말이다. 처음에 우리는 돈이 부족하다는 전제로 서로를 대했다. 교환만이 정답이라고 생각했다.

이 생각이 우리 사이에서 장벽으로 작용했다. 장벽은 아무것도 할 수 없을 것 같은 상태로 우리를 가두었다. 이런 분위기 속에서 나는 "저, 25센트짜리 동전 두 개만 빌릴 수 있을까요? 박물관에서 돌아오는 길에 갚을게요"라고 그들을 회유하고 설득할 수도 있었다. 그렇게 하면 억지로 돈을 얻을 수 있었겠지만 우리 중 누구도 아침을 밝게 시작할 수 없었을 것이다.

나도 그 방법을 원하지는 않았다. 설득은 상대방이 어떤 대가를 치르든 자신이 원하는 것을 얻고자 할 때 쓰는 방법이다. 그리고 두 당사자 간 이득이 맞아떨어질 때 잘 이루어진다. 이를 '이해관계 일치Aligning Interests'라고 부른다. 하지만 위와 같은 방식은 나를 제외한 두 남자에게 이득이 될 게 하나도 없었다. 적어도 측정의 세계에서는 그렇다.

설득이 내 요구를 관철시키는 것이라면 '가담시키기'는 상대방이 자발적으로 참여하도록 이끄는 일이다. 즉 상대방의 마음속 불씨를 지피는 일이다. 돈이 중요한 게 아니다. 50센트만 있으면 되는 상황에서 아무것도 할 수 없었던 내가 '우리는 지금 결핍이라는 사각형 속에 갇혀 있어'라는 사실을 깨닫자 가능성의 우주 속으로 들어갈 수 있었다. 가능성의 우주는 다른 사람을 가담시킬 수 있는 유일한 곳이다. 잔돈이 없는데도 실수로 다른 톨게이트에 진입한 사람 때문에 경적을 울리며 분노를 표현한 적이 얼마나 많은가? 왜 우리는 그 사람 대신 통 속에 25센트짜리 동전 두 개를 던져 넣어주지 않는가?

"25센트짜리 동전 두 개를 주실 수 있을까요?"라는 단순한 요청으로 우리는 부탁하고, 주고받는 게 쉬운 관대함의 세계로 진입했다. 가능성의 우주 속에는 특유의 몸짓과 빛, 운율이 있으며, 그 세계에 참여하는 사람은 함께 불꽃을 피운다. 모든 일이 잘 풀릴 수 있는 수단이 있는데 어찌 기뻐하지 않겠는가?

이스틀리아 낙제 학교

벤저민: 런던의 필하모니아 오케스트라 공연을 후원할 기업을 유치하려고 아서 앤더슨Arthur Andersen이라는 기업에 연락했다. 아서 앤더슨 측은 이미 다른 후원처가 많으며 이 일을 담당할 직원이 부족하다는 이유로 우리의 부탁을 거절했다. 우리는 그들이 우리 사업의 가능성을 높이 평가하지 않았다고 해석했다. 한마디로 아서 앤더슨은 우리의 가능성에 가담하지 않았다.

그 후 런던을 방문했을 때, 후원 담당 직원으로부터 저녁 만찬 초대장을 받았다. 나는 그 자리를 기회라고 생각했다. 하지만 여행 가방이 네덜란드에 계류해 있었기 때문에 내가 가진 옷은 청바지와 운동화가 전부였다. 그래서 곧장 백화점으로 달려가 저녁 만찬 의상을 준비했다.

만찬 중, 영국 교육부가 지정한 '낙제 학교'의 환경을 개선하기 위한 정부 프로그램에 아서 앤더슨이 참여하게 되었다는 대화가 오갔다. 교육자로서 나는 빈곤, 방치, 교사와 가족 그리고 행정 당국의 오랜 체념이 아동 발달에 어떤 식으로 부정적 영향을 미치는지를 정확하게 알고 있었다. 돌아오는 9월, 수상은 일명 '교육혁신추진지역Education Action Zone'이라 불리는 정부의 교육 정책인 '뉴햄 프로젝트Newham Project'를 직접 지휘할 예정이었다. 저녁 만찬이 끝나갈 무렵, 나는 우리의 프로젝트에 그들을 끌어들일 방법을 발견했다. 총체적인 계획이 조금씩 모습을 드러내기 시작했다.

나는 '낙제 학교'의 담당자를 찾아가서 학생들에게 클래식 음악을 접할 기회를 제공해 주자고 제안했다. 아이들과 교사 모두가 음악을 통해 자신에게도 창의성이 있다고 믿게 될 거라고 말했다. 이 제안에 아서 앤더슨은 필하모니아 오케스트라 초청 비용을 전액 부담하겠다고 했다. 또 로열 페스티벌 홀Royal Festival Hall에서 열리는 공연을 관람하고자 하는 200명의 학생도 지원하기로 했다. 그리고 이 교육 계획을 제안한 것을 인정받아 필하모니아 콘서트도 전액 후원을 받기로 했다.

이스틀리아 학교Eastlea School는 런던 도클랜드 지구 중에서도 가장 거칠고 외진 곳에 있었고, 학생들은 주로 소수 집단 출신이었다. 처음 이 학교의 담당자를 만났을 때, 나는 전교생이 열여섯 살 미만이라는 사실에 놀랐다. 그 이유를 물어보니 열여섯 살이

법적으로 학교를 떠날 수 있는 나이이기 때문이라고 했다. 30명 가량의 학생이 뇌성마비, 척추 기형이라는 선천적인 장애와 질병 때문에 휠체어를 타고 있었다. 불굴의 의지와 열정으로 학교를 이끌어 가고 있던 교장은 국제적으로 유명한 지휘자의 방문을 격하게 환영했다.

우리는 첫 번째 공연 장소로 체육관이 유일하다고 판단했다. 교장은 이제껏 전교생을 한자리에 소집한 적이 단 한 번도 없다고 고백했다. 거의 1,100명에 달하는 학생을 자리에 앉히는 것만으로 족히 한 시간이 걸릴 것이며, 너무 소란스러워서 통제하기 어려울 것 같아서였다. 교장은 공연이 두 시간에 걸쳐 진행될 것이라는 말에 불신감을 내비쳤다. 학생들이 클래식 음악은 듣는 건 15분이 한계일 거라고, 선생님들이 분명 그렇게 말할 거라고 했다. 하지만 교장은 "원하는 건 뭐든지 하세요!"라며 나에게 전권을 위임했다.

공연 당일에는 학생과 교사 말고도 아서 앤더슨의 간부와 고객 100명이 추가되어 1,200명이 넘는 사람들이 모였다. BBC 방송국에서도 나와 행사를 녹화했다. 그야말로 교육혁신추진지역 정책을 나라 전역에 알리는 공연이 될 터였다.

공연이 끝난 후 「가디언 The Guardian」에는 '교육혁신추진지역 실패로 끝날 것'이라는 날 선 제목의 기사가 실렸다. 기사의 예측이 맞아떨어진 것 같은 순간도 몇 있었다. 당시 교사들은 최선을 다해 질서를 유지하고 있었지만 멀리서 지켜봤을 때 교사의 이런 노력이 되레 긴장과 소음을 더하는 것 같기도 했다. 공연이 끝날 무렵, 나 역시도 너무 지친 나머지 이 모험이 성공하지 못할 수도 있겠다고 생각했다. 하지만 '우리 오케스트라가 실패를 겪게 하지 않겠어'라고 생각했다. 그때 BBC의 프로듀서가 맥 빠진 나를 보고선 이렇게 말했다.

"지휘자님, 1,100명의 아이를 지휘해서 베토벤의 〈환희의 송가Ode to Joy〉를 독일어로 노래하게 하셨잖아요! 성공입니다!"

그날 품었던 의심이 무엇이었든 나는 교장에게서 편지 다발을 받았고 모든 의심이 사라졌다. 편지에는 공연이 끝난 후 수업 시간에 학생들이 쓴 시가 담겨 있었다. 그 편지 중 하나를 뽑아 오케스트라 프로그램 책자에 실었다.

지휘자님의 영향력

그가 왔다. 우리는 웃었고, 그는 연주했다. 우리는 들었다.
그는 정복했다!
그가 휩쓸고 간 자리에는 전율과 생동감, 활기가 가득했다.
그는 학교 분위기를 끌어올렸고
우리 마음을 자신감으로 가득 채웠다.
고조된 흥분감이 학교 전체를 휩쓸었다(7학년부터 11학년까지).

모차르트부터 베토벤까지. 사람들은 생각했을 것이다.
이스틀리아 학교 학생들은 이 음악을 좋아하지 않을 거라고.
하지만 그가 검은 피아노를 연주했을 때 우리는 모두 들떴다.
그는 우리가 마음에 품을 수 있는 최고의 선함을 들려주었다.

낙제 학교에서도. 그는 깨닫게 해주었다.
교육은 똑똑한 사람뿐 아니라
모두에게 정말 중요하다는 것을. 이렇게 분명할 수가 없다!
그가 우리 학교에 미친 영향력은 말 그대로 엄청났다.
지휘자님, 나와 이스틀리아 학교를 도와주셔서 감사합니다.

칼 크립스 Karl Kripps, 14세

나는 이스틀리아 학생들에게 답장을 써주었다.

이스틀리아 학생들에게

저도 여러분과 보낸 시간이 즐거웠어요. 다시 만날 날이 무척 기대됩니다.

뉴햄 프로젝트를 시작한 첫날 신문에 실렸던 기사 제목 기억 나나요? '교육혁신추진지역 실패로 끝날 것'이라는 제목이 대문자로 실려 있었죠. 저는 이 기사가 우리를 미궁으로 끌어내리는 사고방식의 대표적인 예라고 생각해요. 공연 다음 날, 그날 공연이 절망적이었다는 어느 여성분의 글도 신문에 실렸지요. 아서 앤더슨이 쓸데없이 돈을 낭비한다고 썼어요. 미궁은 우리 주위 어디에나 있어요. 그리고 이런 사고 습관에 빠지기는 아주 쉽습니다.

고백하건대, 사실 저도 의심할 수밖에 없는 순간이 있었어요. 하지만 저의 평가는 아주 다르답니다. 체육관에 전교생이 모인 게 처음이었잖아요. 모두가 한자리에 모일 수 있었던 것은 선생님들의 기적과도 같은 조직 능력과 여러분의 협조 덕분이었어요. 여러분은 공연 시작 전 긴 시간 동안 얌전히 앉아서 기다렸어요. 그 후 노래도 하고 같이 웃기도 했죠. 게다가 신이 난 아저씨가 거의 두 시간가량 무대 위를 돌아다니며 지휘했을 때도 잘 들어주었어요. 공연이 끝날 즈음 우리는 저 메인Jermain에게 생일 축하한다고 큰 소리로 외쳐주었고, 베토벤의 <교향곡 제9번 Ninth Symphony>을 독일어로 노래했어요. 쇼팽의 전주곡도 분석하고, 피아노로 연주한 모차르트 음악에 온 정신을 집중했어요. 와우! 나쁘지 않네요!

그렇다면 공연은 완벽했나요? 아니죠! 완전히 조용했나요? 아니요! 저는 어땠나요? 모든 사람을 계속 집중하게 했나요? 아니요! 흥미롭지 않나요! 이건 아주 멋진 시작이었어요!

우리는 곧 다시 만날 거예요. 이번에는 오케스트라 단원이 전원 참가할 거예요. 오케스트라의 소리를 들려줄 생각을 하니 벌써 신이 나네요. 지휘하는 동안 어떤 일이 일어날지 기대됩니다. 감동과 즐거움, 놀라움의 시간이 될 거라고 믿어요!

오케스트라가 연주하는 동안 어떻게 하면 더 조용히 할 수 있을지 생각을 보태주세요. 모든 사람이 음악을 즐기고, 연주자들이 최선을 다할 수 있도록요. 선생님들이 질서를 지키려고 통로를 분주히 왔다 갔다 하지 않아도 되기를 바라봅니다. 선생님들도 음악을 사랑하니까 연주를 듣고 싶을 거예요. 선생님들이 여러분처럼 가만히 앉아서 음악을 감상해도 괜찮을까요? 어쨌든, 여러분과 다시 만나 함께 음악을 탐험하는 날만 손꼽아 기다리고 있어요. 여러분이 음악의 힘을 발견할 수 있으면 좋겠어요. 이 모든 일을 가능하게 한 아서 앤더슨 회사 분들도 최고예요. 여러분도 그렇게 생각하죠?

10월 22일에 만나요. 그때까지 주위 사람들에게 A 학점을 주었을 때 어떤 일이 벌어지는지 지켜보도록 해요. 상대를 판단하지 말고 선물을 주듯이 주위 사람에게 진심 어린 칭찬을 건네보아요.

1998년 9월 21일, 따스한 사랑을 담아,

벤저민 잰더

필하모니아도 목소리를 더하다

내가 보스턴에 가 있는 동안, 아서 앤더슨 직원들은 필하모니아 오케스트라의 공연을 최선을 다해 도와주었다. 오케스트라 단원들의 80석 말고도 1,200명의 관객을 수용할 새로운 장소가 필요했다. 결국 적합한 대형 창고와 아이들을 실어줄 버스 40대를 섭외했다. 의자를 옮겨야 했고, 무대와 방송국 카메라를 위한 공간 확보는 물론 조명과 음향 시설도 설치해야 했다. 여기에 지휘자와 오케스트라가 어떻게 소통하는지 볼 수 있는 7미터에 달하는 스크린이 필요했다. 회사 측에 스크린 설치를 부탁했더니 그들은 머뭇거렸다. 이미 계획했던 지출액을 훨씬 뛰어넘은 상태에서 2,000파운드를 추가로 지출하기란 무리였다. 하지만 스크린이 없으면 이 행사의 의미와 재미가 반감될 게 뻔했다. 그래서 내가 비용을 지불하고 영상 촬영을 명목으로 은행으로부터 1만 파운드의 기금을 받기로 했다.

어린 학생들은 우리를 격하게 환영해 주었다. 그 모습을 보며 첫 공연이 실패하지 않았다는 사실을 확인할 수 있었다. 산만한 분위기를 예상했던 필하모니아 오케스트라 단원 몇몇은 그동안 무슨 일이 있었기에 아이들이 이토록 격하게 환영하는지 진심으로 궁금한 눈치였다. 아이들과 음악을 나누고 싶어 했던 나의 진심이 통했던 것 같다. 내 진심에 아이들이 화답해 주리라는 믿음,

우리가 파트너가 될 수 있다는 확신 덕이었으리라. 학생들과 나는 두 시간 동안 베토벤의 극적인 드라마 〈코리올란 서곡 Op. 62 Coriolan Overture, Op. 62〉, 차이코프스키의 섬세한 파토스Pathos('감정'을 뜻하는 그리스어로 다양한 감정적 호소나 정서적 울림을 통칭하는 말 - 옮긴이)와 비극의 선율을 보여주는 〈로미오와 줄리엣Romeo and Juliet〉, 모차르트의 반짝이는 〈디베르티멘토 D장조Divertimento in D〉에 심취했다. 특히 모차르트의 곡은 모차르트가 이 학교의 졸업생 나이쯤 되었을 때 작곡한 곡이었다.

일곱 악기의 소리가 들리다

그중 진정한 걸작은 베토벤의 〈교향곡 제5번 Fifth Symphony〉 느린 악장이었다. 나는 필하모니아 오케스트라 첼로 파트에 부드럽게 파도치듯 흐르는 여덟 마디의 음형을 연주하게 했다. 나는 뒤돌아서서 학생들에게 "여러분 중에 첼로 소리를 들은 사람이 있나요?"라고 물었다. 모두가 당연하다는 듯 손을 들었다. 나는 아까와 똑같은 여덟 마디를 첼로 파트가 연주할 동안 비올라 파트도 합류시켰다. 동일한 리듬을 유지하되 두 음을 높여서 연주하게 했다. 학생들에게 다시 손을 들게 해보니 모두가 두 개의 악기 소리를 동시에 들은 듯했다. 첼로와 비올라가 같은 악절을 다시 연주하는 동안, 한 옥타브 위에서 간헐적으로 바순과 클라리넷을 연주하게 했다. 또 손을 든 학생을 확인해 보니 이스틀리아 학생들은 네 악기의 소리를 동시에 듣는 데 전혀 어려움이 없었다.

다시 악절 초반부로 돌아가 깊은 울림이 있는 더블베이스를 추가했다. 저음역이라 분간하기 쉬웠다. 이제 남은 악기는 제2바이올린과 제1바이올린이었다. 제2바이올린 소리가 추가되었을 때, 집중해서 듣고 있던 학생들에게 재차 물었다.

"소리가 너무 커요."

뒷자리에 있던 한 학생이 자신 있게 외쳤다. 필하모니아 오케스트라 단원들은 런던 도클랜드 출신, 열 살짜리 꼬마에게서 받은 조언에 미소를 지어 보였다.

여섯 개의 악기 소리가 완벽한 조화를 이루자 아까 그 꼬마에게 제1바이올린 소리는 더 클 거라고 미리 말해주었다.

"자기들이 아주 중요하다고 생각하거든요."

경고에도 불구하고 제1바이올린 소리가 추가되자 분명하게 들리던 여섯 개의 악기 소리가 흐려졌다. 학생들은 모든 소리가 잘 들리지 않는다고 말했다. 이 말에 자극받은 제1바이올리니스트들은 역동적이지만 아주 섬세한 수준으로 꾸밈음형(주요 음에서 주요 음에 이르는 중간에 선율과 리듬을 장식하여 음형을 만드는 일 - 옮긴이)에 깊이를 더했다. 그러자 모든 악기의 소리가 마법처럼 안정적으로 들리기 시작했다. 각 악기는 다른 악기와 조화를 이루었다. 큰 창고에 있었던 우리는 누구 하나 소리를 내지 않았다. 실로 엄청난 기운이었다. 학생 모두는 베토벤이 표현하고자 하는 모든 소리를 놓치지 않으려고 집중했다.

마지막 질문이 이어졌다.

"일곱 악기의 소리를 다 들으신 분, 있나요?"

적어도 900개의 손이 공중을 향했다.

"자, 잠시만요."

물결을 이루는 손을 바라보며 나는 속으로 생각했다. 이런 상황을 누가 예상했을까? 후원자와 교사, 학생, 정치인, 방송국 직원, 연주자 모두가 불굴의 정신을 함께 찬양하고 있었다. 우리는 한 명도 빠짐없이 공연에 집중하고 참여했다. 우리는 성공할 수 있다는 가능성 속으로 함께 뛰어들었다.

앤서니

베토벤의 〈교향곡 제5번〉 마지막 악장에 달했을 때, 나는 지휘봉을 몇몇 학생에게 넘겨주고 직접 지휘를 해보게 했다. 웅장한 C장조의 도입부는 규칙적이고 단순해서 지휘자가 없어도 어렵지 않게 연주할 수 있었다. 따라서 경험 없는 아이가 지휘봉을 마구 흔들어도 오케스트라에게 지장이 없으리란 걸 알았다.

아주 적극적으로 리듬에 온몸을 맡기고 있던 열 살짜리 아이가 눈에 들어왔다. 나는 그 아이를 무대로 데리고 왔다. 처음에는 남을 의식하지 않고 그저 음악에 반응하는 줄만 알았다. 하지만 아이가 무대 위에서 이렇게까지 넘치는 에너지와 납득할 만한 지휘 실력을 보여줄 줄은 몰랐다. 기대 이상이었다. 오케스트라 단원의 얼굴에 놀란 표정이 역력했다. 이제껏 본 적도 없던 꼬마가 단원들을 이끌고, 영감을 주었으며, 에너지를 불어넣어 준 것이다.

대략 1분 30초 동안 꼬마는 그야말로 역동적이고 예술적인 에너지 그 자체였다. 힘찬 몸짓과 황홀한 표정은 말할 것도 없었다. 잠시 후, 그는 다시 어린아이로 돌아왔다. 학교 친구들이 발을 구르며 힘찬 함성을 보내자 아이는 부끄러움을 못 이겨 얼굴을 가렸다. 이 훈훈한 장면은 무대를 찍고 있던 지역 방송국 카메라에 고스란히 담겼다. 그날 밤, 모든 영국인이 10시 뉴스에서 앤서니Anthony가 베토벤의 〈교향곡 제5번〉의 마지막 악장을 지휘하고 있는 장면을 지켜봤다.

로열 페스티벌 홀에서

다음 수요일, 이스틀리아 학교 재학생 200명이 말끔하게 차려입고 페스티벌 홀에 등장했다. 사전 간담회에 초대되어 이전의 콘서트에 관해 이야기하기 위해서였다. 미국 피자헛 Pizza Hut 사장의 비서진이 피자를 80판 보내왔다. 우리는 지난주 공연 영상을 함께 보았다. 당시 삼촌과 함께 왔던 앤서니는 텔레비전에 자기 모습이 나오자 못 믿겠다는 듯 화면을 쳐다봤다.

이스틀리아 학생들은 사전 간담회에 참여하려 강당으로 이동했다. 나는 베토벤의 〈교향곡 제5번〉에 접근했던 우리의 평범하지 않은 방식을 50분 동안 설명하고, 전통 공연과 비교하며 말해주었다. 나는 그들의 기억을 되새겨 주면서 리하르트 슈트라우스 Richard Strauss의 〈돈키호테 Don Quixote〉 중 일부를 피아노로 연주했다. 복잡한 이야기를 작곡가가 어떻게 표현했는지 말해주기 위해서였다.

"선생님, 아까 했던 것이 공연이었나요?"

내 차례가 끝나자 앤서니는 선생님에게 물었다. 앤서니에게는 이 모든 것이 낯선 경험이었다.

무대 뒤편 합창단이 앉는 자리인 코러스 좌석에 이스틀리아 학생 200명이 앉았다. 학생들은 단원들의 움직임을 더 가까이에서 볼 수 있게 되었다. 학생들이 움직이거나 해서 관객의 집중을 분산시키지는 않을까 걱정도 되었다. 학생들은 공연이 시작되기 두 시간 전부터 미리 와 있었다. 하지만 그들은 베토벤의 〈교향곡 제5번〉이 끝날 때까지 미동도 하지 않고 앉아 있었다. 길고 지루한 슈트라우스의 음시(시를 음악으로 만든 곡 - 옮긴이)를 들을 때도 마찬가지였다. 이 어린아이들의 마음에서 무슨 일이 일어나고 있는지 누가 알겠는가? 이렇게 천사처럼 행동하는 이유는 벌이 무서워서일까? 정말로 음악을 듣고는 있었을까? 아니면 이 아이들이 그냥 순종적이라서? 나는 금관악기 뒤편에 앉아 있는 앤서니를 슬쩍 훔쳐보았다. 바로 그때, 어둠을 뚫고 새어 나온 한 줄기 빛이 교향곡의 마지막 악장을 찬란히 비추었다.

그 순간은 단연코 앤서니의 시간이었다. 앤서니는 그런 자신을 눈치채고 있었을까? 앤서니는 함박웃음을 지은 채 나를 향해 엄지손가락을 치켜세웠다.

아서 앤더슨이 처음 필하모닉 공연 후원을 거절한 뒤에 벌어진 모든 일을 생각해 보라!

결국 아서 앤더슨은 음악이 주는 변화의 힘에 적극적으로 가담해서 수천 명의 사람에게 불꽃을 지펴주었다. 특히 아이들의 삶에 지대한 영향을 미쳤으리라. 다음은 마지막 공연 직전, 아서 앤더슨의 수석 파트너로 있던 그레이엄 워커Graham Walker로부터 받은 쪽지이다.

지휘자님께

우리가 마련한 3부작 공연 중 가장 중요한 마지막을 앞두고 하고 싶은 말이 있어 이렇게 메모를 남깁니다. 마지막 공연은 지휘자님을 고향과 같은 공연장으로 다시 데려가 주겠지요. 참으로 아름다운 피날레가 될 거라 확신합니다.

처음 두 공연은 너무나도 생소했습니다. 지휘자님께 공연에 참여해 달라고 부탁한 것도 말이 안 되는데, 지휘자님은 더 말도 안 되는 열정으로 응했습니다. 그리고 70여 명의 음악가가 지휘자님의 열정에 감염되어 이 말도 안 되는 현장에 합류했습니다. 말도 안 될 정도로 기꺼이 협력해 준 지역 인사와 교장 선생님도 다행히 만날 수 있었죠. 어제 우리는 지휘자님이 전하는 영감과 창의성, 감수성을 온전히 공유했습니다. 끊임없이 에너지를 발산하며 든든히 받쳐주는 오케스트라와 함께 말입니다.

대단히 감사합니다. 지휘자님처럼 저도 이번 행사가 이스틀리아 친구들의 삶을 잠식하던 무거운 기운을 물리치고 가능성이라는 도화선에 불을 지피는 계기가 되리라 믿습니다. 리허설을 포함하여 끝까지 행운이 함께하길 기원합니다.

그레이엄

인간에게 생명력이란 서로 연결되고, 표현하고, 소통하고자 하는 열정적인 에너지 그 자체일 것이다. 가담시키기는 이 생명력에 불을 지펴 이 사람에게서 저 사람으로 사방팔방 그 빛을 전하는 일이다. 때로는 작은 불씨 하나가 커다란 불꽃이 되기도 하고, 아무도 눈치채지 못하는 사이 마법처럼 조용히 퍼지기도 한다.

10장

게임판 되기

"그래, 5번 카드, 넌 항상 다른 사람 탓만 하지."

-루이스 캐럴 Lewis Carroll,
『이상한 나라의 앨리스 Alice in Wonderland』

아무런 가능성이 보이지 않을 때가 있다. 화가 나고, 답답하며, 최선을 다해 노력해도 다른 사람이 움직이려 하지 않거나, 협력과 타협은 물론 최소한의 예의조차 보이지 않을 때 말이다. 다른 사람을 가담시키려 해도 효과가 없거나 뾰족한 수가 없을 때도 있다. 이럴 때 다음 연습을 하면 된다(가능성에 관한 연습 중 대학원 과정이라고 생각하면 된다). 우리 자신을 게임이 진행되고 있는 게임판으로 설정하는 것이다. 어떤 환경이든 문제가 있다면 그것을 우리의 내면으로 가져오라. 이런 방식으로 연습하다 보면 상황을 바꿀 힘을 얻게 될 것이다.

다음의 경우를 상상해 보자. 차 한 대가 빨간불 앞에서 조용히 기다리고 있다. 다른 차가 질주하다가 정지해 있던 차를 들이받는다. 가해 차량 운전자는 알고 보니 무면허에다가 음주 운전자였다. 잘못한 사람은 누구인가? 법에 따르면 의심할 여지 없이 음주 운전자에게 100퍼센트 과실이 있다. 그러나 10장에서는 새로운 종류의 책임과 그 개념을 제시하고자 한다. 바로 '문제를 온전히 받아들이는 것' 말이다. 이때 다른 누구에게도 잘잘못을 따지면 안 된다. 이것은 완전히 새로운 개념으로, 누구의 희생 없이도 당신을 강하게 만들어 줄 것이다.

보통 우리는 '책임Accountability'이라는 단어를 '비난하기'와 '비난할 필요 없음', 두 개념과 동일시한다. 이는 측정의 세계에서 온 개념이다. 만약 일이 잘못되어 내가 상대방을 비난한다면 '나는 옳은 사람'이라는 사실을 증명해야 한다. 여기에는 달콤한 만족감이 분명히 있다. 하지만 휴가로 떠난 여행지가 마음에 들지 않거나 말이 없어서 벽이 느껴진다는 등의 이유로 상대를 비난한다면 그 사람은 딱 그만큼의 기회를 잃게 된다. 상황을 다른 방향으로 끌고 가거나, 그 상황에서 교훈을 얻거나, 그 사람과 더 좋은 관계로 발전시킬 기회를 놓치게 되기 때문이다.

사실상 상황을 좋은 방향으로 견인할 지렛대를 잃는 것이다. 상대의 실수를 비난하는 사람이 할 수 있는 일이란 없다. 우리가 할 수 있는 일이라곤 나 자신에 관한 일뿐이다.

다시 처음으로 돌아가 보자. 잘못과 비난의 세계에서는 할 수 있는 일이 오직 한 가지뿐이다. 하지만 '게임판 되기'의 원리를 적용해 보면 앞 차의 운전자는 더 넓은 틀에서 사건을 볼 수 있게 된다. 예를 들면 다음과 같이 생각해 볼 수 있다.

'운전은 정말 위험한 일이야. 차에 탈 때부터 위험에 노출되지. 보통은 다른 운전자가 정신을 차리고 법을 준수하기를 기대하지만 그래도 위험은 항상 존재해. 상대 운전자가 잠깐 졸거나, 술을 마셨거나, 갑자기 멈추어 서거나, 아니면 운전자가 너무 어리고 난폭한 성향일 확률도 존재해. 그러니까 운전할 때는 이런 확률적인 위험까지도 감수해야 해. 길 위에서 일어난 일은 내 의식과 선택하에 발생했다는 사실을 받아들여야 해.'

연습 1: 선언하기

첫 연습은 다음과 같이 선언하는 것이다.

"내 인생의 모든 일은 '나'라는 틀 안에서 일어난다."

이 선언은 아마도 이 책에서 제안하는 것 중 가장 도전적이고 어려운 일일 것이다. 하지만 동시에 가장 강력하다. 여기에 다른 선언 방식도 있다.

"아무 저항도 하지 않고 있는 그대로 존재할 수 없다면, 이에 걸맞은 행동을 하지 못한다면, 스스로 잘못된 것 같고 실패자나 희생자로 느낀다면 그 원인은 내가 머릿속에 만들어 낸 가정 때문이다."

이 연습이 유일하게 옳다는 말이 아니다. 우리는 음주 운전자가 응당 처벌받기를 바랄 수도 있다. 동정심을 가질 수도, 복수를 원할 수도 있다. 또는 자신이 원래 추구하던 모습과 목적을 벗어나 보는 것도 괜찮은 선택지가 될 수 있다. 하지만 게임판이 되기로 선택하면 품위 있는 여정의 문이 열린다. 충돌이 불가피한 상황에서 우리는 재빨리 돌아 나올 수 있게 된다. 계속 가던 길을 갈 수 있게 된다.

우리의 통제를 벗어난 세상이 가하는 위험을 기꺼이 감수하겠다고 마음을 먹었을 때, 바로 그때 품위가 생겨난다. 강 위에 지은 집이 홍수 때문에 파괴되면 아마도 강을 원망할 확률이 높다. 하지만 이것은 이미 예견되어 있던 위험에서 스스로 희생자가 되기로 선언하는 것과 같다. 그러면 시작부터 패배자의 자세를 취하게 된다. 마찬가지로 도덕적 우월감에 빠져 있으면 효율적으로 행동하지 못한다. 타인의 동정을 얻느라 자기 마음의 평온을 내주게 될 테니 말이다.

합법의 영역에서 잘못과 비난은 중요한 역할을 한다. 법을 준수한 운전자에게는 가해자를 고소할 권리가 주어진다. 하지만 우리는 승리나 대가가 아닌 가능성으로 향하는 문에 관해 이야기하는 중이다. 모든 일에 스스로 책임을 질 줄 아는 품위 있는 태도는 우리의 정신이 온전한 상태가 되도록 이끈다. 그때 비로소 우리는 자유롭게 다시 선택할 수 있게 된다.

줄타기

벤저민: 펠릭스 멘델스존Felix Mendelssohn의 〈이탈리아 교향곡Italian Symphony〉은 체조 선수가 힘껏 질주하여 공중제비를 돈 뒤 회전 그네에 폴짝 올라타는 것 같은 느낌을 주며 시작한다. 멘델스존은 바이올린 파트가 힘차게 공중제비를 돌며 등장하기 전에 관악기 파트에 열한 걸음 정도 종종걸음을 치게 한다. 하지만 어느 공연에서 내가 관악기 파트에 집중하고 있는 동안 다섯 걸음 만에 바이올린 주자가 한 명 등장해 버렸다! 그의 연주는 놀랄 정도로 자신감이 넘쳤지만 마치 회전 그네 없이 체조 선수만 공중에 덩그러니 던져진 느낌이었다. 지휘 인생 처음으로 나는 연주를 잠시 중단했다. 1,000명이 넘는 관객 앞에서 말이다. 나는 오케스트라 단원들에게 미소를 지으며 혼잣말을 했다.

"오, 이 얼마나 멋진가!"

그러고는 다시 곡을 지휘하기 시작했다. 당연히 이번에는 실수하지 않았다.

그 후에 오케스트라 관계자가 찾아와 낮은 목소리로 물었다.

"멘델스존 곡 연주 중에 누가 일찍 등장했는지 알고 싶지 않으세요?"

질문의 어딘가 모를 음흉한 기색 때문이었는지, 공연 직후의 생생한 에너지를 깨뜨려서였는지 모르겠지만 나는 나도 모르게 단호하게 말했다.

"아니요."

재빨리 이 말도 덧붙였다.

"제가 실수를 했습니다."

물론 당연히 내 실수가 아니다. 내가 바이올린을 연주한 게 아니니까. 하지만 방금 우리가 연주한 위대한 음악이 전하려는 의도를 생각해 보면 그 자리에서 누군가를 비난하면 안 될 것 같았다. 비난은 우리를 갈라놓기만 한다. 해당 연주자는 〈이탈리아 교향곡〉뿐 아니라 다른 공연에서도 앞서 등장하는 실수를 절대 범하지 않을 것이다. 나 자신도 해당 구절을 지휘할 때 더 조심하게 될 것이다. 누군가를 비난하면 얻을 수 있는 건 전혀 없으며 누군가의 존엄성에 타격만 가하게 된다. 게다가 연주자의 연주와 내 의도가 정확하게 일치하지 않을 때가 많을 텐데, 즉 위험을 감수해야 하는 상황이 빈번할 텐데 그때마다 연주자를 비난하면 위대한 음악을 만들 수 없게 된다.

뒤돌아 생각해 보면 "제가 실수를 했습니다"라는 말에는 더 많은 것이 담겨 있었다. 내가 한 이 말에는 우리 오케스트라에서 일어난 모든 일은 내가 기꺼이 책임지겠다는 뜻이 담겨 있었다. 사실 나는 그렇게 대답함으로써 엄청난 힘과 자유를 부여받은 느낌이 들었다.

우리에게 가장 익숙한 행위는 자신과 타인에게 책임을 분배하는 것이다. 책임을 나누면 삶이 정돈되고 관리하기 쉬워진다. "당신이 아이에게 아침을 먹이면 점심은 내가 책임질게" 혹은 "계좌 잔고 부족으로 수표가 처리되지 않았어. 그건 내 잘못이 아니야. 당신이 지출 내역을 장부에 잘 적지 않았기 때문이지" 이렇게 말하며 사사건건 책임을 따진다. 회사에서는 종종 연말 보너스나 해고 협박과 같은 보상, 처벌을 이용하여 책임을 조절한다. 인정과 배척도 개인의 소속 욕구를 자극하여 책임을 지게 하는 강한 동기다. 이것은 '모든 사람은 맡은 역할이 있어야 삶을 제대로 통제할 수 있다'라는 생각에서 비롯한다. 일이 잘 풀리지 않거나 누군가 비난받을 일이 생겼을 때 특히 그렇다.

우리가 비난과 책임을 주고받는 이유는 공동의 가치를 추구하는 획일화된 사회에서 모든 사람이 맡은 역할이 있으면 질서를 효과적으로 유지할 수 있기 때문이다. 즉 공평함을 추구하는 우리의 본능 때문이다. 하지만 문화와 자원의 범위가 넓고 다양한 사회에서 이는 효과가 없을 수 있다. 따라서 다른 어떤 것도 효과적이지 않을 때 게임판 되기라는 새 게임에서 해법을 찾을 수 있다.

체스 게임

  체스 게임에 비유해서 책임에 관한 일반적 접근법과 새로운 관점을 비교하려고 한다. 일반적으로 게임을 할 때 우리는 체스 말을 하나 지정하고, 게임에 이입해서 자신의 신분을 규정한다. 즉 게임에서 중요한 킹King, 교활한 나이트Knight, 혹은 폰Pawn 중 하나를 선택하여 그 말에 자신을 대입하고 규정한다. 체스 판의 말로 자신을 규정하면 목표는 오로지 하나, 팀을 승리로 이끌고 적을 정복하는 것이 된다. 혹은 전략가로 자신을 규정하면 체스 판 위 말의 전략적 움직임에만 초점을 맞출 것이다.

  그러나 이번 연습의 핵심은 특정 말이나 전략가로 자신을 규정하지 않고 '게임판' 자체로 자신을 정의하는 것이다. '나는 무엇이다'라고 규정하지 않는 점이 중요하다. 당신이 자신을 '태양이 뜨는 원인' 혹은 '모든 인간의 고통의 원인'이라고 생각하는 환상에 빠져 있다면 당신은 하얀 승합차에 실려 가거나 임시 조치로서 규칙 제6조라는 약을 처방받게 될 것이다. 자신을 '무엇'

이라고 규정하는 것에서 벗어나 '게임판' 혹은 삶이 형성되는 '장場'으로 봐야 하는 이유는 자신 안에 있는 변화의 힘을 자각하기 위해서다. 그러면 원치 않는 조건의 경험을 원하는 경험으로 바꿀 수 있는 주체적인 힘을 가지게 된다. 여기서 주목할 점은 조건 자체가 변하는 게 아니라 경험이 변한다는 것이다. 경험을 변형시켜 다르게 보게 되면 다른 변화도 함께 일어난다.

게임 말로 자신을 규정하면, 즉 특정 역할에 갇히게 되면 일이 뜻대로 진행되지 않을 때 불평하며 저항할 수밖에 없다. 하지만 만약 게임판 자체로 자신을 정의하면 당신의 관심을 원하는 방향으로 돌릴 수 있게 된다. 이기거나 싸우거나 고치는 데 필요한 에너지를 비롯해 그 어떤 것도 낭비할 필요가 없어진다.

이 놀라운 게임에서는 모든 것이 끊임없이 통합된다. 이제껏 받아들이지 못했던 모든 것을 하나씩 경험의 장으로 다시 불러오라. 그저 게임판이 되어 판 위에 모든 일이 흐르게 하면 된다.

'체스 중 나이트를 잡았다. 그리고 비숍Bishop을 희생했다.'
'모범적으로 운전했다. 그리고 사고가 발생했다.'
'어린 시절은 불행했다. 그리고 가정 환경이 어려웠다.'
'나는 원한다. 그리고 다른 이는 원하지 않는다.'

이렇듯 판단은 배제한 채 그저 이 모든 사건이 흘러가는 장이 되어보라. 이유는? 이게 있는 그대로의 현실이기 때문이다. 이것이 있는 그대로 존재하기다.

연습 2: 게임판 되기

이제 한 단계 더 나아가 보자. 원치 않는 상황에 관해 스스로 물어보자.

"어떻게 이 상황이 내 게임판에 등장했지?"

"어떻게 내가 이런 일이 발생하는 장이 된 것일까?"

그러면 자기 연민에 갇혀 원인을 알 수 없었던 일들이 차츰 모습을 드러낼 것이다. 당신의 지난 세월, 지금의 당신을 만든 선택들, 그리고 계산하는 자아가 어떻게 지금의 상황을 만들어 왔는지 서서히 보이기 시작할 것이다. 꼬여버린 관계의 매듭을 다시 돌려놓을, 미안한 마음이 등장할 것이다. 그러면 당신은 다시금 자유롭게 그리고 힘 있게 가능성의 우주 속에 서 있게 될 것이다.

그러니 신호 대기 중에 음주 운전자가 나를 들이받았다면, 필요한 조치가 끝나고 충격과 분노가 가라앉은 후 이렇게 물으면 된다.

"어떻게 이 사고가 나의 영역에 등장한 거지?"

게임판 되기 연습에서는 "왜 나야?", "이런 개자식!", "내 여름 휴가를 망쳤어!", "다시는 이 도시에서 운전하지 않겠어!"라고 말하면 안 된다. 대신 주위를 돌아보며 이렇게 말하라.

"내 차가 특별해서 이런 일이 일어난 게 아니야. 누구든 그 자리에 있었다면 확률적으로 사고를 당했을 거야."

그러면 음주 운전 통계를 살펴보게 될 것이고, 얼마나 많은 범죄가 반복되고 있는지 발견할 것이다. 법의 허술한 구멍을 발견하고, 그 구멍이 없었으면 당신이 겪은 사고가 일어날 확률도 줄어들 거라고 생각하게 될 것이다. 이런 식으로 당신의 장에서 발생하는 사고를 다시 정의하면 된다. 차에 탈 때마다 특정 위험을 감수해야 한다는 사실을 그저 알아차리기만 하면 된다.

그렇다고 이 연습 중 자신을 비난해서도 안 된다. "법의 허점을 알고 있었어야 했는데……"라든지 "멈췄을 때 뒤를 돌아보지 않은 내 잘못이야"라고 말해서도 안 된다. 스스로 자초한 일이라며 자신을 비난하는 것은 잘못과 비난을 할당하며 책임을 따지는 사회가 만들어 낸 생각이다.

'통제하기' 대 '차이 만들기'

측정의 세계에서 우리는 의지할 대상이 오로지 자신뿐이라는 거짓 환상에 사로잡힌다. 따라서 모든 걸 더 통제하고 싶어진다. 실수로 경로를 이탈하면 비난할 대상을 찾으며 다시 상황을 통제하려고 노력한다. 비난의 세계에서 우리는 '해야 한다'라고 말하며 잘못된 일을 다시 통제할 수 있다고 쉽게 착각한다. 하지만 이것은 언어가 만든 착각이다. 당연히 우리는 그 일을 바꿀 수 없을뿐더러 통제도 할 수 없다. 이미 일어난 일이기 때문이다!

게임판이 되는 연습은 '긍정적인 변화를 만드는 연습'이다. 예를 들어보자. 만약 당신이 경고했는데도 사장이 계속해서 실수를 저지른다면 이렇게 생각할 것이다.

'사장님은 내 말을 절대 듣지 않는군. 나에게 경쟁심을 느끼나 봐. 그냥 자기 방식이 옳다고 생각하고 싶은 거야.'

그리곤 트로이의 멸망을 예언했지만 아무도 믿어주지 않았던 카산드라^{Cassandra}처럼, 충분히 자격이 있는데도 인정받지 못한 예언자가 된 것 같은 느낌에 빠진다. 이럴 때 바로 게임판이 되는 연습을 해야 한다. 이 연습을 어떻게 진행하면 되는지 알려주겠다. 이렇게 물으면 된다.

"'사장님이 나의 말을 듣지 않는 일'이 어떻게 나의 게임판에 등장했을까?"

그러면 당신은 자신이 '듣지 않는 일'이라는 말에 꽂혀 있다는 사실을 깨닫게 될 것이다. 여기에 '사장님은 내 말을 듣고 싶어 하지 않아', '사장님은 경쟁심이 강해', '사장님은 꽉 막힌 사람이야'라고 개인적으로 해석하고 의미를 부여했다는 사실도 깨닫게 될 것이다.

당신은 내 말에 완전히 공감할 것이다. 이와 비슷한 경험이 많지 않은가? 아니면 이렇게 생각하는지조차 모르고 지나갔을 수도 있다. 이제부터는 "사건에 쓸데없는 의미를 부여하지 않으려면 지금 발생하고 있는 일을 어떻게 이해해야 할까?"라고 질문해야 한다. 특정 생각에 매몰되지 말고 객관적인 사실에 주목하면 사건을 이렇게 압축시킬 수 있다.

"내 생각을 사장님에게 말했지만 사장님은 그 조언을 듣지 않았어."

이제 당신을 견인하는 지렛대와 같은 결론이 떠오를 것이다. 당신은 거부당하는 것에 관한 두려움 없이 이렇게 말하게 될 것이다.

"사장님을 '가담'시키지 않았기 때문에 내 충고를 받아들이지 않은 거야. 가능성의 불꽃을 일으키는 건 내 몫이야. 차이를 만들고 싶다면 사장님이 내 생각을 중요하게 받아들이도록 대화를 잘 설계해야 해. 조언에 사장님의 생각을 담아야 해."

'잘못의 세계'에서는 '해야 한다'라는 의무의 말이 흔하다. 반면 '스스로 게임판이 되는 세계'에서는 사과의 말이 흔하다. "지금 문제가 되는 일이 내 게임판에 어떻게 등장하게 된 거지?"라는 질문을 깊이 반추하다 보면 이제껏 스스로 통제감이나 균형감을 느끼기 위해 관계를 포기하고 있었다는 깨달음에 도달할 것이다. 당신의 조언을 듣지 않았다는 이유로 사장과 무언의 전투를 벌이고, 딸과 언쟁을 벌이고 싶지 않아 진솔하게 대화를 나누지 않고, 오랜 친구에게 당신이 얼마나 중요한 존재인지 깨닫지 못하는 등 누군가와의 관계에 실패하거나 실패하는 중에 있는 자신이 눈에 들어올 것이다. 어떤 행동을 해도 상황은 악화된다. 이런 경우에 필요한 치유 연고가 바로 '사과'다.

책임을 따져 자신에게 잘못이 없다고 생각한다면, 특히나 잘못을 따지고 비난을 일삼는 세계에서는 진심 어린 사과를 할 수 없다. 이 세계에서는 체스 중 폰이 대각선 방향으로 다섯 칸 떨어져 있는 말을 잡지 못했다고 해서 비숍에게 사과하면 우스운 꼴이 된다. 체스 규칙상 폰은 다섯 칸을 이동할 수 없기 때문이다. 하지만 나 자신이 게임판이 되면 이렇게 말할 수 있다.

"당신이 게임 규칙을 통달하지 못했다는 사실을 알고 있었는데도 미리 알려주지 못했어요. 미안합니다."

잘못의 세계에서 당신의 관심은 행동에 있다. 당신이나 타인이 무엇을 했고, 무엇을 하지 않았는지 일일이 따지는 일이 중요하다. 하지만 당신이 자신을 게임판, 즉 장으로 정의하면 무너진 관계를 복구하는 데에 관심을 옮긴다. 그렇기 때문에 사과가 쉬워진다.

어쩌면 당신은 이렇게 질문할 수도 있겠다.

"시간 낭비인 관계에 왜 이렇게 신경을 써야 하죠? 일이 바쁘면 신경을 못 쓸 수도 있잖아요. 사람들도 그걸 이해해 줘야 한다고 생각해요."

물론 사람들이 이해해 줄 수도 있고 그러지 않을 수도 있다. 빨리 결과를 내야 하는 상황을 받아들여 줄 때도 있지만, 긴 호흡이 필요한 관계를 무시한 대가로 이해는커녕 더 큰 어려움에 부딪혀 시간을 허비하게 될 수도 있다.

코라와의 오랜 관계

벤저민: 지역 사회 혹은 반전문적인 오케스트라와 연습할 초창기에는 공연 날까지 한참 멀었기 때문에 단원들이 자주 결석한다. 단원들은 학업이나 일, 휴가, 출장 등으로 바빠서 일정을 조율하기 힘들 때가 많다. 최종 리허설 기간에는 이 문제가 더 심각해진다.

보스턴 필하모닉 오케스트라는 통상적으로 빠지지 말아야 할 연습 기간이 길다. 음악계에서 필하모닉 오케스트라가 차지하는 위상이 특별하기 때문이다. 보스턴 필하모닉 오케스트라는 일반 오케스트라와 기본적으로 큰 차이가 없지만 비영리 단체임에도 높은 퀄리티를 자랑하는 라이브 음반과 공연으로 세간의 관심을 받는다. 이는 모든 연습에 의무적으로 참여하면서 돈도 받는 다른 프로페셔널 오케스트라와 자주 비교되는 이유이기도 하다. 그렇기에 공연 날이 다가오면 압박감이 수직 상승한다. 마치 아마추어 야구팀이 메이저리그에서 뛰게 되는 날과 비슷하다.

나는 스트라빈스키의 발레곡 〈페트루슈카Petrushka〉 공연을 앞두고 이미 걱정스러운 상황을 예상했다. 이 곡은 연주자와 지휘자 모두에게 기술적으로 까다로운 곡 중 하나인 데다 현장 공연은 라이브 실황으로 녹음될 예정이었다. 라이브 실황 녹음본은 매우 높은 수준이라고 찬사를 받았던 〈봄의 제전〉 재발매 CD와 함께 세트로 발매될 계획이었다. 한마디로 〈페트루슈카〉는 아주 중요한 공연이었다!

막바지 리허설 날이었다. 비올라 파트 학생 세 명이 보스턴 대학교 오케스트라Boston University Symphony Orchestra 공연 때문에 불가피하게 빠진 데다 네 번째 멤버마저 아프다고 전화가 왔다. 비올라 파트에 남은 다섯 명은 다른 파트의 악기와 균형을 이루는 데 필요한 최소한의 인원이었다.

7시가 되어가자 부수석 비올리스트인 코라Cora마저 보이지 않았다. 몇몇은 코라가 개인 교습에 갔다고 생각하는 듯했다. 사실 나도 제정신이 아니었다! 비올리스트가 또 한 명 줄어든 데다 미리 알려주지 않았기에 대리 연주자를 찾거나 코라를 붙잡을 시간조차 없었다.

연습이 시작되었고, 나는 코라가 들어올 것을 기대하며 문 쪽을 계속 쳐다보았다. 어떻게 이렇게 중요한 연습에 빠질 생각을 할 수 있을까? 쉬는 시간, 나는 음악원을 돌아다니며 코라를 찾았다. 마침내 3층 교실에서 다른 학생과 이야기하고 있던 코라를 찾았다. 나는 성난 채로 교실에 뛰어 들어가 말했다(소리를 질렀나?).

"코라, 우리 지금 리허설 중인 거 몰라요?"

코라는 차분하게 대답했다.

"리사에게 오늘 밤 못 갈 것 같다고 얘기했는데요."

이 말에 나는 화가 머리끝까지 났다. 오케스트라의 매니저나 나에게 말하지 않고 다른 멤버에게만 말해놓고 안 오면 어쩌란 건가? 그리고 어쩌면 이렇게 태연하고 무관심할 수 있을까?

"코라, 비올리스트 네 명만으로 연습해서는 이번 주말 〈페트루슈카〉 공연을 제대로 할 수 없어요. 후반부 연습에는 적어도 참여하세요!"

"안 됩니다. 오늘 밤 개인 교습이 있습니다."

딱 봐도 코치는 없었다. 심지어 악기도 보이지 않았다. 나는 비꼬는 말투로 "내 눈엔 그렇게 보이지 않는군요!"라고 말하며 자리를 박차고 나왔다. 내가 도리어 규칙 제6조를 잊어버리고 말았다.

코라는 리허설 말미에 나타나서는 차갑게 말했다.

"오케스트라에서 나가겠습니다. 저는 이렇게 혹사당하기 싫습니다."

또 다른 문제가 발생했다. 나는 짜증스럽게 말했다.

"코라, 이건 어리석은 짓이에요. 나는 당신을 혹사하지 않았어요. 우리 모두 스트라빈스키 때문에 심한 압박감에 시달리고 있어요. 너무 많은 사람이 빠졌고요."

코라는 입장을 바꾸지 않았다.

"어쩔 수 없네요. 그건 지휘자님 문제니까요."

코라는 이렇게 말하고 나가버렸다.

나는 완전히 당황했다. 부수석 비올리스트가 방금 그만뒀고, 새 멤버를 영입하기에는 시간이 없었다. 즉 비올리스트 여덟 명으로 가장 중요한 음반 녹음과 공연을 해야 했다. 나는 차근차근 몇 번을 생각해 보았다. 지금 무엇을 해야 하며, 어떤 선택권이 있는가.

늘 그랬듯 나는 로저먼드에게 도움을 청했다.

"이 공연에 코라가 꼭 필요하다면 선택권이 거의 없어. 코라에게 돌아오라고 설득할 수밖에. 당신은 설득 장인이니까 내가 도울 일은 없겠네. 만약 정말 화가 나서 조금 복수하고 싶으면 이번 공연에만 참여시키고 그 후에 해고하는 방법도 있잖아."

로저먼드는 나를 슬쩍 떠보며 미소 지었지만 나는 농담할 기분이 아니었다. 로저먼드는 이어서 말했다.

"만약 코라를 이대로 두고자 한다면 다른 선택권도 있어. 코라 없이 공연을 하기로 마음먹으면 말해줘. 그때 다시 얘기해."

처음에 나는 분노로 가득했다.

"왜 코라 없이 공연을 해야만 하지? 모든 책임을 나에게 떠맡기다니!"

그때 갑자기 깨달았다.

'다른 사람이 스트라빈스키의 곡을 연주할 수는 없어. 공연까지 이틀밖에 남지 않았어.'

다른 시나리오, 그러니까 진심으로 연주하던 여덟 명의 비올리스트를 떠올렸다. 최고의 실력을 지녔지만 부정적 태도로 분위기를 흐리는 한 사람보다 이들이 더 낫지 않은가? 코라의 마음을 되돌려야 한다는 생각에 더 매몰되지 않으니 로저먼드가 무슨 말을 하든 열린 마음으로 들을 수 있을 것 같았다.

"코라가 반드시 필요하지는 않은 것 같아. 돌아오라고 압박하거나 설득하고 싶지 않아. 코라가 돌아오지 않을 위험도 기꺼이 감수하겠어. 자, 이제 어떤 선택이 남았지?"

로저먼드가 말했다.

"당신은 무슨 일이 일어나든 책임을 다하며 늘 품위 있게 행동했지. 당신은 늘 문제의 원인을 당신 안에서 찾았어."

"그래. 하지만 이건 말도 안 돼. 코라가 스스로 나간 거였다고. 나는 막을 수 없었어. 그 외에 생각해야 할 것도 너무 많아. 연주자가 하는 행동을 전부 책임질 수는 없다고. 콘서트 준비도 해야 해……."

나는 이렇게 항의했다. 로저먼드가 말했다.

"잠시만. 당신 탓이란 말이 아니야. 이건 비난과는 상관없는 사고방식이야."

로저먼드는 계속해서 내게 두 개의 구별법을 설명했다.

그때 나는 완전히 새로운 가능성을 보았다. 나는 책상으로 가서 편지를 쓰기 시작했다. 코라는 금요일 수업의 멤버였기 때문에 A 학점 주기 편지 공식을 익히 알고 있었다. 다음은 내가 코라에게 쓴 편지다.

금요일 수업에서 제시한 방식으로 편지를 쓰려고 해요. 아래는 그 내용이에요.

10월 6일

코라에게

저는 A 학점을 받았습니다. 내가 원하는 대로 사람들이 따르지 않을 때 그들을 비난하는 습관을 버렸기 때문입니다. 사람들에게 화를 내거나 비꼬는 방식은 관계에 악영향을 미쳐 결국 돌이킬 수 없는 상황을 만든다는 사실을 깨달았습니다.

내가 원하는 것과 상대방이 원하는 것이 꼭 일치하지 않는다는 사실을 받아들이기 힘들었습니다. 예를 들어, 어렵고 중요한 공연을 준비하는데 연주자들이 연습에 오지 않거나 지각하면 연주자들에게 실망하고 화가 났습니다. 공연을 향한 마음가짐이 나와 같아야 하며 무엇도 이 일을 방해하면 안 된다고 생각했기 때문입니다. 자원봉사 연주자들은 해야 할 일이 많고, 나와 우선순위가 동일하다고 생각하면 안 되는데 말입니다.

나는 사람들이 자신이 원하는 대로 행동한다는 사실을 깨달았습니다. 즉 리허설에 참여할 수도 있고 그러지 못할 수도 있다는 사실을 받아들였습니다. 그리고 그런 그들의 의견을 존중해야 한다고 생각합니다. 그들이 자신의 의견을 미리 알려주지 않았을 때는 '앞으로는 음성 메시지를 남기거나 오케스트라의 매니저에게 직접 알려달라'라고 정중하게 부탁하겠습니다. 그러면 미리 대처할 수 있게 될 테니까요.

보스턴 필하모닉 오케스트라를 지휘하는 일은 엄청난 특권인 동시에 큰 위험도 뒤따른다는 사실을 압니다. 중요한 연습에서 오케스트라 단원이 전원 참여하지 못할 상황이 늘 있다는 사실도 이해합니다. 이제는 알고 있습니다. 모두가 참여하려고 노력하겠지만 항상 그럴 수는 없다는 사실을 받아들이겠습니다.

동료와 연주자, 학생, 친구와 맺는 관계가 일보다 더 중요하다는 사실을 깨달았습니다. 진정한 성공은 관용이 넘치는 관계에 달려 있습니다.

내게 맞서고 내 의견을 받아들이지 않으려는 사람이 있다면 그 사람은 나의 의견을 받아주는 사람보다 더 나은 동지가 되어줄 사람입니다. 그의 행동이 두려움이나 체념에서 나온 게 아니라면 더더욱요.

이렇게 돌파구를 마련한 결과 내 삶은 물론 나와 소통하는 사람들도 행복해졌습니다. 음악의 소리도 더 아름다워졌습니다. 그렇기 때문에 나는 충분히 A 학점을 받을 자격이 있다고 생각합니다.

코라, 이렇게 깨닫도록 용기를 내주어서 고마워요. 설득하고, 회유하고, 협박하고, 매수하고, 꼬드겨서 당신을 오케스트라에 돌아오게 만드는 것보다 이렇게 내가 깨달아서 돌파구를 마련하는 게 훨씬 중요하다는 사실을 어젯밤 알게 되었어요. 이제껏 알고는 있었지만 이번에 더 확실히 알게 되었답니다. 진심으로 존경과 감사의 마음을 전합니다. 우리 모두 당신을 기다릴 거예요.

5월 18일, 행복을 빌며,
벤저민

이 편지를 읽은 사람은 항상 두 가지 질문을 한다. 첫 번째는 당연히 "코라가 편지를 받고 어떻게 했나요?"다. 이 질문의 의도는 아마 "당신의 전략이 성공했나요?"일 것이다. 우리는 원하는 것도 얻고 관계도 잘 유지하고 싶어 하기 때문이다. 우리는 둘 중 하나만 원하지 않는다.

대답은 이렇다. 코라는 복귀했다. 게다가 나는 코라와 더 견고한 관계를 맺게 되었다. 또 이 연습으로 이제껏 나를 사로잡고 있던 '시간과 연주자가 부족하다'라는 생각에서 빠져나왔고 다른 삶으로 들어갈 수 있었다. '부족함에서 오는 위기'로 해석될 수 있는 상황은 갖가지 모습으로 지휘 현장에 찾아온다. 하지만 이제 나는 그것을 욕구와 좌절의 망령으로 분별한다. 그리고 코라를 떠올린다. 욕구와 좌절의 망령을 한 번만 구분할 수 있으면 다음부터는 쉽게, 영원히 구분할 수 있다. 그리고 피할 수 없는 두 번째 질문.

"지휘자님이 한 사과는 일종의 조종 아닌가요? 지휘자님이 원하는 대로 코라를 행동하도록 만들었잖아요."

물론 그렇게 볼 수 있다. 사실 모든 것은 전략이 될 수 있기 때문이다. 그러나 나는 편지를 썼을 때 결과에 연연하지 않으며 온전하고도 가벼운 감정을 느꼈다. 따라서 대답은 '아니다'이다.

체스 게임에서 폰은 다른 말의 움직임에 따라 그 운명이 좌우된다. 잘못이 중요한 세계에서 삶은 다른 사람의 행동과 능력, 의지, 그날의 기분에 영향을 많이 받는다. 자신이 누군가에게 의존해 있다고 생각하는 순간 두려움이 생긴다. 그리고 이것은 반복해서 또 다른 실패를 낳는다. 이런 일련의 흐름은 삶을 사는 내내 등장하는 장벽과 문제의 근원이 된다.

일상에서 부정적인 일이 일어나면 우리는 죄책감과 비난, 후회, 체념, 정의감, 분노와 같은 반응을 경험한다. 그리고 이런 반응은 우리를 다른 곳으로 데려간다. 생기 넘치는 강물이 아니라 회오리나 소용돌이 속으로 빠져들게 한다. 상대에게 아무것도 요구하지 않고, 자신을 게임판으로 여기며 온전히 책임을 지려는 두 사람이 마주 앉아 대화를 나누는 모습은 어떨지 상상해 보자.

'두 사람 다 100퍼센트 되기'는 완전함을 이룬다

한 남자가 충격에 빠졌다. 그는 아내가 바람을 피운다는 사실을 알게 되었다. 아내의 외도 사실도 충격이었지만 아내가 거짓말을 했다는 사실에 크게 충격을 받았다. 고통 속에서 남편이 보인 반응은 도망치기와 분노하기, 자신의 선택을 재평가하기였다. 아내는 변해 있었다. 남편이 알던 아내의 모습이 아니었다. 모든 것이 예전과 달라 보였다. 남편은 소용돌이 속에서 새롭게 알게 된 현실을 받아들이려고 애를 썼다. 한때 아내였던 새로운 여자에게 익숙해져 보려고도 했다.

남편은 이제 어떻게 해야 할지 고민했다. 아내는 거짓말쟁이에다가 가해자이며 낯선 사람이었다. 남편은 아내를 대화를 나

눌 수 있는 상대로 대해야 할지 아니면 적으로 남겨야 할지 갈등했다. 남편은 친구 여러 명을 자신의 편으로 끌어들였다. 그러는 사이 속절없이 시간만 흘렀다.

만약 남편이 게임판이 되는 연습을 선택한다면 그는 먼저 이런 질문을 던져볼 수 있을 것이다.

"어떻게 이 일이 나의 게임판에 등장한 걸까?"

그리고 만약 그가 잘못을 탓하는 일에서 벗어나 게임 속에 머무르는 법을 훈련한다면 그는 새 힘을 얻을 수 있는 새로운 사실을 발견할 것이다. 이 새로운 사실을 충분히 깊게, 오래 살펴본다면 이해와 연민을 바탕으로 이야기를 새롭게 구성할 수 있다. 그러면 완전히 새로운 세계가 열린다.

남편이 깨닫게 될 이야기는 다음과 같다.

일어나서는 안 될 일이 일어나 버렸다. 남편은 배우자의 부정은 참을 수 없다고 이제껏 아내에게 알려왔다. 심지어 부부는 서로에게 정직하자고 약속했었다.

남편은 자문했다. 왜 나는 배신을 당하기 전부터 이걸 이토록 문제 삼았을까? 왜 그렇게나 배신을 강조하게 되었을까?

남편은 유년 시절 어머니가 자신을 떠났던 일을 시작으로 살면서 사소한 배신을 많이 겪었다. 아내에게 매력을 느꼈던 이유 중 하나도 아내가 자신을 배신하지 않을 것 같았기 때문이었다. 아내는 남편의 의견을 수용하고 그의 욕구를 세심하게 챙겼다.

남편은 아내를 100퍼센트 믿었다.

　두 사람이 싸웠을 때, 그는 으레 모든 부부가 다툰다고 생각했고, 아내는 자신의 일을 중요하게 생각해 주지 않는 남편을 탓했다. 남편은 나중에 깨달았다. 아내의 말은 사실이었다. 남편은 아내의 일에 전혀 관심이 없었다.

　하지만 남편도 최선을 다해 아내의 말을 들어주려 애썼다. 아내는 로스쿨에 진학하고 싶어 했고, 남편은 사업 부채를 갚기 전까지는 아내의 바람이 비현실적이라는 데 서로 합의한 줄 알았다. 물론 이 문제를 추후에 고려해 볼 용의가 있다고 아내에게 말한 적도 있다.

　아무튼 돌이켜 생각해 보니 남편은 비로소 알아차렸다. 자신이 독립적인 인격체로서의 아내의 경험과 욕구를 얼마나 철저하게 묵살해 왔는지를 말이다.

　그는 과거 아내를 이렇게 가정했다.

- 힘 있고 독립적인 여성은 상대를 배신한다.
- 내 아내는 그런 부류의 여성이 아니다.

아내가 중요시했던 것을 무시했기 때문에 바람이 났나? 남편이 그렇게 몰아간 건 아닐까? 이것이 남편 혼자만의 잘못일까? 아니다. 확실히 아니다. 게다가 잘잘못을 따지는 것은 우리가 하려는 게임이 아니다. 그렇다면 남편은 아내와의 관계가 깨진 것에 책임을 질 수 있을까? 당연하다.

아내도 마찬가지다. 자신을 진지하게 생각해 주지 않았다는 이유로, 자격이 충분한데도 자신에게 관심을 주지 않았다는 이유로 남편을 비난하고, 이로써 자신의 행동을 정당화하는 대신 이렇게 물을 수 있다.

"내가 절대로 하면 안 된다고 생각했던, 그렇게 믿었던 일이 내 게임판에 어떻게 발생했을까?"

아내는 자신이 남편에게 어떻게 호응했어야 했으며, 자신의 독립성을 어떻게 했어야 했는지 균형을 맞추는 게 쉽지 않았다는 사실을 인정하기 시작할 것이다. 아내는 죄책감으로 가득한 성장기를 보냈다. 자신에게 이기적으로 의존했던 어머니에게 충성과 헌신을 증명한 후에야 비소로 자유를 느꼈다. 아내는 다음 가정에 따라 살았다.

- 사랑하는 사람은 상대의 독립을 지지해야 한다.

그리고 결혼 생활 중 당연히 찾아오는 고민거리에 관해 깊이 생각해 보지 않았다는 사실을 깨닫는다. 예를 들어 아내는 남편이 로스쿨 진학을 반대하면 안 된다고 생각했다. 아내는 남편의 반응을 이기심의 한 종류로만 생각했고 여기에서 벗어나야 한다고 생각했다. 이제 아내는 남편에게 완전히 맞추면서 사는 것과 점점 커지는 탈출 욕구 사이에서 서로에게 진정한 파트너가 될 기회가 없었다는 사실을 깨닫는다.

아내는 결혼 생활에서 발생한 문제를 전적으로 자신의 책임으로 봐야 할까? 아니다. 이것은 우리가 하려는 게임이 아니다. 아내는 이 관계의 실패를 전적으로 책임질 수 있을까? 당연하다. 남편의 경우와 마찬가지다.

부부는 무엇을 할 수 있을까? 아내는 스스로 이렇게 말할 수 있겠다.

"당연히 남편은 나를 사랑해. 남편은 사과받을 자격이 있어. 남편은 내 어머니와 다른 사람이야."

그리고 남편도 스스로 이렇게 말할 수 있다.

"상황을 보니 내 아내를 어린아이처럼 꽉 붙들고 있었던 건 부당한 일이었어. 나는 관계가 성장하고 변한다는 사실을 직면하는 걸 거부했어. 나는 아내를 옥죄고 있었어. 내가 해야 할 첫 단계는 아내에게 사과하고 우리 관계를 다시 회복할 수 있는지 살펴보는 거야."

그래서 부부는 함께 새로운 관점을 만든다.

- 사랑은 혼자 결정하거나 희생하는 게 아니다. 사랑은 두 사람이 원하는 인생을 함께 만들어 나가는 배경이 되어야 한다.

- 힘과 독립성은 관계를 강화한다.

게임판이 되는 연습에서 또 중요한 것은 '상대에게 다른 사람의 잣대를 들이대지 않는 것'이다. 당신 앞에 놓인 장애물은 다른 사람이 아니라 당신의 일부라는 사실을 받아들여야 한다. 그리고 당신만이 그 장애물을 없앨 수 있다. 게다가 이 연습을 통해 '공정함'이나 '정의' 같은 엄중한 잣대를 포기하면 친밀한 관계에서 오는 풍요를 누릴 수 있다.

우리가 게임판이 되면 다른 사람에게 장애물을 드리우지 않는다. 대신 당신 자체가 모든 관계를 효과적인 파트너십으로 발전시킬 도구가 된다. 당신이 문제를 일으키는 사람이 아니라는 확신을 준다면 상대는 당신을 신뢰하고 함께 일하려 할 것이다. 무언가를 성취해야 하는 상황에서 당신이 의존할 만한 사람이라면 그들은 얼마나 협조적으로 행동하겠는가?

당신은 이 연습으로 다른 사람과 함께 변화와 발전을 향한 원대한 여정을 시작할 수 있다. 갈등을 피하려고 신경 쓰는 것과는 전혀 다른 길이다. 이 여정에는 연민과 용기만 있으면 된다. 여기서 연민은 단순히 다른 사람의 말에 귀를 기울인다고 해서 생기지 않는다. 친절과 연민을 가로막고 있는 내면의 장벽을 제거해야 비로소 연민의 활주로가 열린다. 그리고 그 보상으로 자존감, 깊은 공감, 긍정적인 변화를 만드는 직항 탑승권을 받는다.

11장

가능성을 위한 뼈대 만들기

1963년 뜨거운 여름 어느 날 마틴 루서 킹 주니어 목사가 "나에게는 꿈이 있습니다"라는 유명한 연설을 했을 때, 그는 그곳에 모인 수천 명의 사람만을 위해서 연설을 한 게 아니었다. 킹 목사는 모든 사람의 마음속에 있는 열정을 일깨우고 싶어 했다. 가해자와 피해자, 백인과 흑인, 문제의 한 측면에 있는 사람들과 그 반대편에 있는 사람들까지 모두가 그 대상이었다. 킹 목사의 비전은 소외된 사람과 특권층, 정치인을 포함한 모두를 통합하고 그들에게 희망을 주는, 한마디로 인간의 본질을 향한 호소였다. 킹 목사는 꿈이 차이를 만든다는 사실을 몸과 마음으로 보여주었다.

우리는 미국의 꿈을 온전히 이루고자 여기에 모였습니다. 아직 이루지 못한 꿈 말입니다. 모두에게 평등한 기회가 주어지는 꿈, 특권과 재산이 널리 분배되는 꿈, 더는 피부색으로 사람을 평가하지 않는 나라가 되는 꿈, 모든 사람이 개인의 가치와 위엄을 존중하는 나라가 되는 꿈 말입니다.

1962년 7월 19일,
마틴 루서 킹 주니어

그리고 킹 목사는 자신의 일과 삶 속에서 그 위대한 비전을 실천했다.

우리가 생각하기에 리더들이 오늘날 당면한 최고의 도전 과제는 '모든 것이 풍부한 가능성의 우주를 확신하는 것'이다. 아무리 살벌한 경쟁 속에 있더라도, 당장의 목표가 급하다고 해도, 두려운 상황 속에서도 우리는 굳건히 서 있어야 한다. 어떤 어려움이 닥쳐도 가능성으로 빛나는 땅과 미궁을 구별할 용기와 인내심을 가져야 한다.

인간은 하나의 종種으로서 위협이 가득하고 자원이 부족한 환경에 훌륭하게 적응하여 번영했다. 하지만 조화를 이루고 평화와 풍요를 누릴 여유가 없었다. 우리의 감각 기관은 진짜 위험뿐 아니라 가상의 위험까지 대비하도록 설계되었기 때문이다.

하지만 인간에게는 위험에 관한 가정을 뛰어넘을 수 있는 능력이 있다. 우리는 어마어마한 창의성과 평안함이 가득한 세계의 창문을 열 수 있다. 그 세계에서는 보이지 않는 실이 우리를 연결한다. 리더십이란 지위, 역할과 상관없이 다른 사람과 세계에 가능성의 문을 열어주는 것이다. 이런 종류의 리더는 그룹에서 가장 강한 사람일 필요가 없다. 리더십의 오랜 정의에 충실한, 적을 방어하고 자원을 모으는 데 가장 적합한 인물이 리더일 필요가 없다는 뜻이다. 가능성의 리더Leader of Possibility는 두려움의 횡포 속에서도 개개인을 긴밀하게 돕고, 배려하며, 활기를 불어넣어 준다. CEO나 직원, 시민이나 고위 관계자, 교사 또는 학생, 친구 또는 애인 등 누구나 이런 리더십을 행사할 수 있다.

또 이런 리더는 사람들을 분열하게 하는 두려움과 결핍의 틀을 분별할 수 있다. 우리에게 부족함을 채워줄 환경을 만들 수 있다는 확신도 준다. 우리는 꿈의 땅에서 살고 있고 가능성의 리더는 두려움보다는 열정을 추구한다. 이들은 인간의 가능성을 담대하게 설계하는 건축가다.

하지만 우리를 끌어당기는 미궁의 중력은 실로 강력하다. 우리가 살고 있는 환경이 바로 미궁이 될 수도 있다. 이런 상황에서 우리는 어떻게 가능성 쪽으로 전진해 날개를 달 수 있을까?

연습: 가능성의 틀 짜기

이 장에서는 가능성의 틀을 만들고 유지하는 연습을 할 것이다. 이 연습에서 우리는 의미를 재구성하고, 비전을 만들며, 가능성이 현실이 되는 환경을 설정한다. 그리하면 가능성의 부력이 미궁의 중력에서 벗어날 수 있다.

가능성의 틀을 짜는 단계는 다음과 같다.

1. 무엇이 가능한지부터 구별하라. 부정적 의미의 틀을 대신할 긍정적인 가능성을 발견하라.
2. 실행하라. 긍정적인 가능성이 새로운 삶의 틀이 될 수 있도록 구체화하라.
3. 점검하라. 새로운 틀을 따라 제대로 가고 있는지, 기존의 틀에서 벗어났는지 계속 점검하라.

다음은 가능성의 틀을 이용해 차이를 만드는 법을 배운 선생님의 이야기이다. 이 이야기에는 주인공이 어떻게 가능성의 영역으로 우아하게 입성했는지가 나온다.

아이들의 새로운 이야기

한 소녀가 백혈병에 걸려 화학 요법 치료를 받았다. 학교에 돌아왔을 때, 소녀는 머리카락이 다 빠져버린 머리를 스카프로 감추고 있었다. 친구 몇몇이 소녀의 스카프를 잡아당겼고, 당황한 탓에 웃으며 소녀를 놀렸다. 소녀는 굴욕감을 느꼈다. 그날 오후, 소녀는 어머니에게 학교에 가기 싫다고 말했다. 어머니는 소녀에게 용기를 주려고 노력하며 이렇게 말했다.

"다른 아이들은 곧 네 모습에 익숙해질 거고 머리는 다시 자랄 거야."

다음 날 아침, 선생님이 반에 들어왔을 때 모든 학생이 자리에 앉아 있었다. 소녀가 자리에 앉으려 하자 몇몇이 킥킥거리며 소녀를 놀렸다. 그때 선생님이 익숙한 미소를 지으며 "좋은 아침이에요. 여러분"이라고 인사했고, 곧 외투와 스카프를 벗었다. 선생님은 머리를 완전히 민 상태였다.

그날 이후, 아이들은 집으로 돌아가 부모에게 머리카락을 잘라달라고 부탁했다. 한 아이가 짧은 단발로 교실에 들어오자 모든 아이가 신나게 웃었다. 두려움이 아니라 게임을 즐기는 기쁨에서 나온 웃음이었다. 아이들의 머리카락은 같은 시기에 다시 자라났다.

선생님은 교실에서 발생하는 분열에 개입했다. 낯선 외모에 새로운 의미를 부여하여 두려움을 유발하는 이방인의 위치에서 소녀를 해방했다. 선생님은 민머리를 가능성으로 구분했다. 즉 새로운 모습을 보여주는 게임을 시작해 아이들을 결속했다. 이런 일련의 행위로 새로운 가능성을 실현했다. 잘못된 사람은 아무도 없다. 고칠 것도 없다. 새로운 표현은 두려운 상상보다 더 강력했다. 선생님이 발상을 새로이 했기 때문에 모든 아이가 즐길 수 있는 커다란 운동장이 생겼다.

가능성의 영역에서는 생각과 행동 간 구분이 없다. 마음과 몸, 꿈과 현실도 마찬가지다. 비전을 실천하는 리더는 보통 아주 용기 있는 행동을 한다. 이런 사람은 자신이 중심에 있든 주변에 있든 비전을 실행하는 물줄기 역할을 한다. 모한다스 간디Mohandas Gandhi나 마틴 루서 킹 주니어 목사와 같은 사람은 시대가 요구하는 상황이라면 나서길 주저하지 않았다.

전해지는 이야기에 따르면 1940년 4월, 덴마크 수도가 함락된 직후 덴마크의 왕 크리스티안 10세Christian X가 나치Nazi의 고위 장교를 만났다. 왕이 창밖을 내다봤을 때 나치당의 만자 무늬 깃발이 정부 건물의 지붕 위에서 펄럭이고 있었다고 한다. 왕은 점령군 사령관과 만났다.

왕은 나치의 깃발을 제거해 달라고 요구했다. 나치 사령관은 이를 거절했다.

왕은 그 자리에서 벗어나 잠시 생각할 시간을 가졌다. 그러곤 다시 사령관 쪽으로 다가갔다.

"내가 군인을 보내서 깃발을 내리게 하면 어떻게 할 거요?"

"그를 총으로 쏠 겁니다."

왕은 차분히 말했다.

"당신은 그러지 않을 거요. 내가 보낸 군인을 본다면……."

사령관은 왕에게 이게 무슨 말인지 해명하라고 했다. 왕은 이렇게 말했다.

"내가 바로 그 군인이 될 거니까."

하루가 지나지 않아 깃발이 내려갔다.

앞서 언급한 세 번째 단계, 길에서 벗어났는지 아니면 잘 가고 있는지 점검하라는 말은 가능성의 틀을 분명하게 유지하라는 말이다. '길에서 벗어났다'라는 것은 가능성으로의 모험을 향한 열정이 사그라들 때를 말한다. 영감이 처음 떠오르던 순간도 시간이 지나면 희미해진다. 이때 우리는 옳고 그름의 이분법적 판단 아래 미궁 속으로 빨려 들어갈 수 있다.

상파울루에서의 경험

벤저민: 1997년 뉴잉글랜드 음악원 유스 필하모닉 오케스트라The New England Conservatory Youth Philharmonic Orchestra는 브라질의 상

파울루 공연예술극장Theatro Municipal de São Paulo에서 처음으로 대형 공연을 했다. 단원들은 리허설과 여행으로 기진맥진한 3일을 보낸 후였다. 극장은 사람들로 만원이었다. 따뜻하고 정열적인 브라질 관객은 압도적인 성원을 보내왔다. 브라질 공영 방송국은 현장을 녹화했고, 공연 후 단원들을 위해 3미터 너비의 스크린에 이 영상을 띄워주었다. 단원들은 하늘을 나는 연처럼 고양되었다. 문제는 아이들을 진정시키는 것이었다. 다음 날 예정된 공연에 최상의 컨디션으로 참여하려면 충분히 자야 했다. 하지만 우리는 자정이 넘어서야 호텔에 들어갔다.

다음 날 아침, 단원들이 시끄러워 잠을 잘 수 없었다며 숙박객으로부터 거센 항의를 받았다. 호텔 직원은 항의한 숙박객이 더 있었다고 알려주었다. 새벽 3시가 넘는 시간에 학생 네 명이 지붕 위에서 발견되었고, 다른 학생 네 명은 시내의 불미스러운 곳에 있다가 이른 아침 우리 측 경비단에게 발각되었다.

다음 날 우리에게는 공연이 두 건이나 예정되어 있었다. 저녁 6시에는 야외무대에서 1만 5,000명의 관객 앞에서 공연을 해야 했고, 저녁 9시에는 실내에서 기술적으로나 감정적으로 진이 빠지는 말러의 〈교향곡 제5번Fifth Symphony〉을 공연하기로 되어 있었다. 매니저는 내가 학생들에게 엄중히 경고해야 한다고 말했다. 연주 투어 전, 술을 삼가고 통금 시간을 지키도록 계약서에 사인했다는 사실을 학생들에게 주지시켜야 한다고 말이다.

나는 로저먼드에게 전화를 걸어 이 일을 논의했다. 우리는 늘 하던 방식대로 질문을 하며 문제에 접근했다.

"가능성을 펼치려면 이 상황을 어떻게 봐야 할까?"

계약 위반이라는 건 그저 옳고 그름이라는 이분법만을 제시한다. 그리고 이것이 우리를 미궁 속으로 이끌고 있었다. 우리는 어린 학생들의 행동을 다른 방법으로 해석해야 했다. 계약서에는 연주 여행 시 지켜야 할 규칙들이 섬세하게 적혀 있었지만 나는 학생들과 이 연주 여행의 공연 외적인 목적을 공식적으로, 단 한 번도 논의해 보지 않았다는 사실을 깨달았다. 목적과 비전, 헌신은 가능성을 발산하게 하는 동기가 된다. 우리는 단원 전체와 공연의 비전을 나누는 시간을 가져야겠다고 결정했다. 그 자리에서 지난밤 있었던 소동을 어떻게 보아야 할지 틀을 제시하려고 했다.

학생들은 공연장에 소환되었고 주눅이 들어 되도록 뒤쪽에 앉아 있었다. 지친 기색이 역력한 학생부터 항의하는 자세로 앉아 있는 학생까지, 10대 학생들은 다양한 모습으로 그 자리에 있었다. 잘못이 있든 없든 학생 모두는 당연히 비난을 받을 줄 알았던 모양이었다. 나는 "지난밤 콘서트가 끝나고"라며 운을 뗐다.

"한 여성이 저에게 찾아와 이렇게 아름다운 말러의 〈교향곡 제5번〉은 생애 처음이었다며 진심으로 칭찬해 주었습니다. 여러분은 어젯밤 공연을 훌륭하게 해냈어요. 감동하고 변화를 느낀 사람은 그 여성분 한 분만이 아니었어요."

그 순간 학생들은 얼떨떨한 표정을 지어 보였다. 예상치 못한 말을 들은 것 같은 표정이었다. 나는 잠시 말을 멈춘 후 이어서 이렇게 말했다.

"우리는 이곳에 공연 말고 무엇을 하러 왔을까요?"

학생들은 다양한 대답을 했다.

"미국이 최고라는 걸 보여주려고 왔어요!"

"위대한 음악은 우정과 사랑의 통로라는 걸 보여주려고요!"

"브라질에 존경심을 표하려고요!"

"10대도 위대한 연주를 할 수 있다는 걸 알려주려고요!"

"음악은 재밌는 거라고 말하려고요."

"이곳에 와서 행복하다는 걸 보여주고 싶어요."

이제는 구석구석에서 학생들이 앞다투어 대답했다. 학생들의 얼굴에 화색이 돌았다. 공연장 전체에 생동감과 편안함이 감돌았다. 그때 나는 이렇게 말했다.

"만약 공연이 엉망진창이었다면 여러분은 방으로 돌아가 바로 잠을 잤겠죠. 여러분이 어제 느낀 감정은 환희였어요. 수많은 대중 앞에서 위대한 연주를 했기 때문에 그 감정을 느낀 거죠. 그래서 몇몇은 지붕 위에까지 올라갔던 거고요. 그렇게 고양된 에너지로 더 높이 떠오를 수 없다는 사실이 놀라울 뿐인 거죠. 하지만 호텔 숙박객들의 잠을 깨우는 게 우리가 브라질 사람들에게 주려고 했던 선물인가요? 당연히 아니죠. 우리는 지금 선로를 이탈했어요. 우리가 올라타야 할 선로가 어디에 있는지 알아야 아름다움을 제대로 표현할 수 있어요."

두 학생이 자원해서 호텔에 사과의 편지를 쓰기로 했다. 다른 학생은 오케스트라의 이미지를 긍정적으로 만들 방법을 궁리했다. 그 자리에 모인 학생 중 누구도 비난을 받거나 자신을 부정당했다고 느끼지 않았다. 공연장을 떠나는 우리는 모두 한껏 고양되어 있었다. 활기찬 공연을 할 준비가 되었다.

공연장에서 나오면서 매니저가 말했다.

"지휘자님, 아무도 나무라지 않으셨군요!"

그는 잠시 생각하더니 이렇게 덧붙였다.

"만약 지휘자님이 학생들을 나무랐더라면 곡을 성공적으로 연주할 분위기가 형성되지는 않았을 것 같아요. 그리고 학생들을 걱정할 필요는 없을 것 같네요."

비전은 그 어떤 조직이든 강력하게 끌고 가는 기틀이 된다. 비전이 있어야 미궁에서 가능성의 우주로 나올 수 있다. 하지만 대부분의 조직이 비전이라는 말은 남발하고 있어도 그 목적에 맞게 제대로 비전을 제시하는 조직은 없다.

비전이 없는 조직 강령

'조직 강령'이란 용어는 기업이나 정치 영역에서 '비전'이라는 말과 혼용해서 자주 쓰인다. 하지만 '조직 강령'은 '경쟁'과 '부족함'을 표현하는 말이다. 조직 강령은 그 특성상 기업의 청사진을 제시한다. 여기에는 기업이 시장에서 차지하는 위상을 포함하여 목표를 이루기 위한 단계가 포함되어 있다. 이 청사진은 대개 1등이 되려는 열망을 표현하고, 1등이란 목표는 그 뜻 그대로 배타적이며 배제적일 수밖에 없다. 이런 종류의 강령은 사람들을 경쟁으로 몰고 갈 수는 있지만 회사의 모든 일에 관한 포괄적인 지침을 제시하지는 않는다. 목표의 의미와 방향에 관해서도 언급이 없다. 장기적인 목표도 없다.

예를 들어보자.

"우리는 사무실 디자인 분야에서 가장 혁신적인 기술을 공급하는 선구자가 될 것입니다."

이 말을 들은 사람들은 속으로 혹은 소리 내어 이렇게 말할 것이다.

"그래서 어떻게 하란 말이지?"

"왜?"

"도대체 뭘 위해서?"

비전

비전은 긴 호흡의 음악을 끌고 가는 추진력과 같다. 영화 〈쇼생크 탈출The Shawshank Redemption〉에 나오는 모차르트의 〈피가로의 결혼The Marriage of Figaro〉 중 이중창은 감옥 벽을 넘어 쇼생크 감옥 수감자의 정신을 한껏 고양해 준다.

나는 이탈리아의 두 여인이 무엇에 관해 노래했는지 아직도 모른다. 사실 알고 싶지 않다. 모르는 채로 있는 게 나은 것도 있다. 나는 그것이 가슴 시릴 정도로 아름답고, 말로 표현할 수 없는 어떤 것이라 말하고 싶다. 그 목소리는 이 회색빛 공간에서 감히 꿈꾸지 못했던 그곳, 하늘 위로 높이, 멀리 솟아올랐다. 마치 우리가 갇힌 작고 칙칙한 새장에 아름다운 새가 날아 들어와 그 벽을 허물어 버린 것 같았다. 그리고 그 짧은 순간, 쇼생크에 있던 모든 사람은 자유를 느꼈다.

이렇게 비전은 각자가 지닌 문제와 걱정에서 우리를 해방해 준다. 그리고 더 멀리, 분명하게 볼 수 있게 해준다.

비전은 미궁 속 세계의 목표와 구별될 수 있어야 진정한 가능성의 틀이 된다. 비전을 이루기 위해서는 다음과 같은 기준이 필요하다.

- 비전은 가능성을 표현해야 한다.
- 비전은 인류의 기본 욕구를 충족해 주어야 한다. 기본 욕구란 모든 인간이 동조할 수 있는 욕구를 말한다. 즉 아무도 제외되지 않아야 한다.
- 비전은 도덕성이나 윤리를 언급하지 않는다. 비전은 옳은 방식을 말하는 게 아니다. 물론 잘못된 행동을 암시해서도 안 된다.
- 영원히 불변할 큰 그림으로써 비전을 제시해야 한다. 숫자를 이용하거나, 비교하고, 측정하는 언어로 비전을 제시하지 않는다. 특정 시간이나 장소, 대상 혹은 상품도 언급하지 않는다.
- 비전은 독립적이다. 장밋빛 미래를 암시하지도, 개선이 필요한 과거를 가리키지도 않는다. 비전은 그 즉시 보상을 준다. '지구상에 평화를'이 비전이라면 그 말과 함께 평화가 찾아온다. 또 '차이를 만드는 아이디어의 가능성'이라는 비전을 말하는 순간 특별한 아이디어가 찾아온다.
- 비전은 저 멀리 뻗어가는 가능성의 빛이다. 비전은 우리가 내린 정의 안에서 한계 없이 표현되고, 발전하며, 무한히 생성된다.
- 비전은 말하는 사람을 변화시킨다. 비전을 말한 순간 현실은 가능성의 우주로 바뀐다. 비전을 실현하는 데 장애가 되

는 장벽이 사라진다.

비전이 이끄는 목적과 목표

비전이라는 틀 안에서 미래를 다양하게 전망하다 보면 목표와 목적은 자동으로 따라온다. 목표가 비록 '미국 사무실 디자인 분야에서 1등 하기'라고 할지라도 그 목표는 하나의 게임이 된다. 미궁 속 세계에서 암울하게 목표를 추구하던 에너지와는 다른 에너지가 발생한다. 창의성과 생동감이 끊임없이 생겨난다. 그렇다고 자신의 실력이나 수준을 부정하지도 않는다. 비전 안에서 목표는 한계를 정하는 표시일 뿐이다. 실수로 목표에 도달하지 못했다면 "이 얼마나 멋진가!"를 외치면 된다. 당신도, 비전도 손해 볼 게 없다. 비전 아래에서는 게임에 참여하는 과정 그 자체로 가능성을 실현할 수 있다. 이기고 지는 것은 중요하지 않다.

비전의 예

많은 조직과 소통하면서 알게 된, 가능성의 틀에 부합하는 비전의 예를 들어보고자 한다. 어느 다국적 식품 유통 회사가 '윤리적이고 지속 가능한 파트너십'이라는 비전에서 영감을 받았다. 저렴한 가정용품을 개발하던 회사는 '일상 속 즐거움의 가능성'이라는 자신만의 표현을 찾았다. 미 육군 장교단은 '자유로운 세상의 가능성'이라는 문구에 감응했다.

HP 연구소 Hewlett-Packard Laboratories의 인사관리자 바버라 워 Barbara Waugh는 경쟁 중심이었던 회사 강령이 진짜 비전으로 바뀌면서 일어난 변화를 언급하며 이렇게 말했다.

"저는 변화란 소위 '극적인 음악과 함께 등장하는 대격변'이라 생각하며 자랐습니다. 하지만 오늘 우리가 제시한 비전은 '천천히, 작은 것부터 시작하자'입니다. 이 비전을 따르다 보면 어느 순간에 이르러 비전이 증식하기 시작할 거고, 그때 당신도 변할 겁니다. 당신이 깨닫기도 전에 바뀔 겁니다."

HP 연구소에서 창의성을 장려하기 위한 모임을 하던 중 관리자 한 명이 간단하면서도 강력한 질문을 했다.

"왜 전 세계'에서' 최고의 산업 연구소가 되기를 열망하나요? 전 세계를 '위한' 최고의 산업 연구소가 되면 안 되나요? 그러니까 '세계를 위한 HP'라고 하면 안 되나요?"[10]

아주 미세하게 말을 바꾸었더니 새로운 에너지가 형성되었다. 수석 엔지니어가 '전 세계를 위한'이라는 문구에 어울리는 그림을 만들었다. 그는 빌 휼렛 Bill Hewlett과 데이비드 패커드 David Packard가 차고에서 회사를 시작하는 사진에 아폴로 Apollo 우주선에서 찍은 지구의 사진을 합성했다. 워가 속한

10　Katherine Mieszkowski, "Change—Barbara Waugh," *Fast Company*, December 1998, 146.

인사관리팀은 그 사진을 HP 연구소 타운 미팅 HP Labs Town Meeting에서 포스터로 활용했다. 직원들은 이 이미지에 열광했으며 5만 명에 달하는 직원이 이 포스터를 샀다.

비전은 열린 초대장인 동시에 사람들에게 영감이 된다. 그 속에서 사람들은 비전의 정의에 부합하는 아이디어와 일을 창조한다.

조성 만들기

비전은 음악의 '조성 Tonality (C장조, D단조와 같이 중심 음을 기준으로 나머지 음들이 조직된 음악적 체계 – 옮긴이)'에 비유할 수 있다. 중심 조성이 없는 '무조 Atonal' 음악은 도착 지점이 없다는 점에서 보편적인 음악 형식을 따르지 않는다. 참조할 만한 지점이 없으면 당신이 어디에 있는지 어떻게 알겠는가? 그렇다고 조성과 주화음이 너무 단순하면 음악은 지루해진다. 새롭게 전개할 여지를 주지 않기 때문이다.

이와 비슷하게 구태의연한 방식에 젖은 회사에서 일하면 영감을 받아봐야 얼마나 받겠는가? 긴장, 복잡함, 불협화음이 있어야 조직에 활기가 생긴다. 음악도 마찬가지다. 하지만 중심 조성이 없으면 일관성 없는 음악이 된다는 사실을 기억해야 한다. 비전이 조직을 이끈다는 말은 그룹의 모든 구성원이 즉각적이고 지속적으로 그 비전에 접근할 수 있다는 말이다. 비전은 조직의 전부이자 구성원이 책임감을 가지고 참여하게 만드는 원동력, 즉 중심 조성이다.

비전의 보상

벤저민: 모두의 예상과 다르게 보스턴 필하모닉 오케스트라는 '경계 없이 열정적으로 음악 만들기'라는 비전하에 지난 4년간 크게 번성했다. 저렴한 티켓값을 올린 적도 없거니와 추가 수익이 발생할 때마다 노숙자 쉼터에 기부를 했다. 예산이 세 배 가까이 증가했는데도 우리는 지금까지 흑자 운영을 계속해 오고 있다. 이는 비영리 클래식 음악 단체로는 드문 일이다. 우리는 비전을 실현하는 동시에 보상이 될 만한 프로젝트를 진행한다. 우리 오케스트라는 예산을 포함하여 모든 것을 가능성의 틀에 따라 결정한다. 결과는? 주요 전문 오케스트라보다 훨씬 나은 녹음본과 프로그램으로 관객과 만나고 대화한다. 클래식 음악을 접한 적 없는 이들에게 음악의 즐거움을 선사하고, 연주 전 해설 토크를 진행하는 우리의 공연은 매진 행렬을 보이고 있다. 또 아주 경이로운 팀, 루이지애나 레퍼토리 재즈 앙상블Louisiana Repertory Jazz Ensemble과 매년 협력하여 콘서트를 열고, 신나게 춤을 추는 파티도 개최한다. 가령 오케스트라, 성인 합창단, 어린이 합창단, 솔

리스트 등 총 400명의 연주자를 구성해 카네기 홀$^{Carnegie\ Hall}$에서 말러의 〈교향곡 제8번$^{Eighth\ Symphony}$〉을 연주하기로 결정한다면 우리는 그 계획을 이룰 방법을 반드시 찾아낸다.

오케스트라 사무실 직원이 번잡한 도심 쇼핑 구역에 공간을 임차하겠다고 고집했을 때, 처음에는 의아했다. 우리 일의 대부분은 전화와 컴퓨터로 해결되었기 때문이었다. 하지만 그들은 알았던 거다. '경계 없이 열정적으로 음악 만들기'라는 비전의 문은 항상 열려 있어야 한다는 사실을 말이다. 우리는 오케스트라 사무실 창문에 꽃을 두고 거리로 음악이 흘러 나가게 만들어 놓았다. 거기에다 '공연 중'이라는 글씨를 대문짝만하게 그려놓았다. 또 사람들이 음악을 들으며 점심을 먹도록 벤치도 설치했다. 우리의 비전은 음악의 영향력을 확장할 새로운 방법을 찾게 한다. 그리고 결정이 필요한 순간에 우리를 인도한다.

국제단체 CEO들이 모인 자리에서 '기여자 되기'라는 주제로 장시간 강연을 한 적이 있다. 강연이 끝나자 어느 홍콩 회사의 CEO가 나를 찾아와 익숙한 질문을 했다.

"저도 정말 기여를 하고 싶습니다. 하지만 돈 문제를 어떻게 해야 할까요? 돈을 만들어야 하지 않습니까!"

나는 당신이 기여하기로 마음먹으면 돈은 당신 주위에 몰려들 거라고 대답했다. 당신이 제시한 가능성에 가담한 사람들이 자연스레 그 문제를 해결해 줄 거라고 덧붙였다. 그에게는 이 대답이 충분치 않아 보였다. 그는 재빨리 반박했다.

"하지만 주주들은 어떻게 설득하죠?"

그때 아내가 와서 그의 옆구리를 찌르며 말했다.

"아니, 고객층은 아이들이잖아요!"

알고 보니 그의 회사에서는 아동용 소형 자동차를 만들고 있었다. CEO는 주주 문제를 생각하느라 자신의 회사가 아이들이 좋아하는 장난감에서 시작되었다는 사실을 잊고 있었다. 그리고 이 차이점을 비전으로 표현하지 않았던 것 같았다. 비전을 내걸지 않으니 회사의 본질은 쉽게 잊혔고, 그렇게 가능성의 틀 안으로 들어가지 못했다. 그는 내가 말하는 '우주적 웃음'을 지었다. 그 순간 인간이 얼마나 어리석은 존재이며 동시에 장엄한 존재인지를 깨달았기 때문이다.

비전은 우리가 위기나 실패를 경험할 때 탄생한다. 그리고 가능성의 삶Life of Possibility을 위한 토대가 된다. 휴스턴에 살고 있는 예술가 앨리스 카하나Alice Kahana는 열다섯 살 때 아우슈비츠로 수송되던 중 겪은 생생한 고통을 안고 있었다. 당시 카하나는 부모님과 떨어져 여덟 살 난 동생을 홀로 책임져야 했다. 수송용 열차가 도착했을 때 카하나는 동생이 신발 한 짝을 잃은 것을 발견했다.

"왜 이렇게 멍청하니! 네 물건 하나도 제대로 간수 못 하니?"

카하나는 다른 누나들이 으레 하는 것처럼 소리쳤다. 이 말은 전혀 특별할 게 없었다. 둘의 마지막 대화가 되었다는 것 빼고는. 둘은 각자 다른 짐칸으로 흩어졌다. 카하나는 다시는 동생을 보지 못했다.

카하나는 거의 반백 년이 넘는 시간을 대혼란의 틈바구니에서 얻은 신념에 의지하며 살았다. 카하나는 무슨 말이든 마지막 말이 될 수 있고, 그러므로 마지막 말로써 가치가 없는 말은 절대로 하지 않겠다고 맹세했다. 카하나는 100퍼센트 성공했을까? 그러지 못했을 가능성이 크다. 하지만 이런 특별함이 삶을 살아가는 기준은 아니더라도, 가능성의 틀은 되어줄 것이다.

가능성을 위한 환경

가능성의 우주에 확신을 가진 사람은 대화 시 특별한 환경을 조성한다. 가능성의 우주에서는 잘못된 사람이 없으며, 뒤에서 험담하는 사람도 없기에 '우리'와 '그들'을 구분하지 않는다. 이는 전혀 예상하지 못한 놀라운 결과를 만든다. 가능성의 환경에서는 모든 문이 열려 있다. 그 문을 열면 서로 협조하고 도와주는, 싱그러운 목초가 가득한 세계를 만날 수 있다.

하늘은 한계선이 아니다

벤저민: 월요일, 월넛힐의 마스터 클래스에서 나는 음악과는 별 상관 없는 주제로 종종 수업을 한다. 매일 반복되는 연습과 수업, 공연으로부터 한 발짝 물러서 더 큰 맥락에서 삶을 보게 하려는 의도이다. 교육자로서 학생과 나누는 모든 대화는 엄청난 가능성의 기회가 된다. 어느 날은 위험과 장벽을 부수는 것을 주제로 토론을 시작했다. 다음 날 NASA^National Aeronautics and Space Administration(미국항공우주국)에서 리더십 강연을 할 예정이었던지라 나는 학생들에게 NASA 프로그램과 자신의 음악 인생의 공통점을 적어보게 했다. 그들은 내가 '모든 사람이 가진 꿈과 열망에 관한 이야기', '정신과 존재에 관한 이야기'를 요청했다는 것을 안다. 사실 학생들이 이 정도로 음악과 우주 프로그램의 가능성에 관해 생각하고 있을 줄은 몰랐다. 다음은 학생들이 생각해 낸 말들이다.

NASA가 수학과 기계를 다루는 것처럼 우리 음악가들은 소리를 다루어야 합니다. 소리는 영혼을 탐험합니다. 그리고 우리가 칠흑 같은 어둠 속에서 길을 잃지 않도록 꿈과 가능성을 소환해 줍니다. 아름다운 소나타는 중력의 영향을 받지 않습니다. 당신과 우리는 많이 다르지 않습니다. 우리 개인은 지극히 작지만, 삶의 여정은 은하계까지 펼쳐집니다. NASA에는 수십억 달러의 비용이 들어갑니다. 세상에 전해주려는 가능성을 향한 NASA의 집념을 보면 충분히 그럴 만한 가치가 있습니다.

어맨다 버, 16세

당신은 외교관이자 지구의 대표입니다. 당신은 미지의 세계로 가서 조사를 하고 아주 작은 발견의 낌새에도 흥미를 느낍니다. 당신은 우리를 대신해 지구라는 틀에서 벗어나 최대한 멀리까지 가서 가능성을 탐험하고 발견합니다. 당신에게는 생각이 한계를 넘어 미지의 세계 어딘가에 도달하도록 만들 책임이 있습니다. 음악도 우주와 비슷합니다. 음악은 탐험입니다. 책임이기도 하고요. 악보의 한계를 넘어 가능한 가장 먼 곳으로, 가능한 빠르게 우리의 마음을 데려다 놓아야 할 의무가 있지요.

데이브 랜스틴 Dave Lanstein, 16세

세상은 여러분이 새로운 가능성을 열어줄 것을 기대하고 있어요. 우리 인간이 무엇을 할 수 있는지 발견해 주시길 바랍니다. 음악과 우주에서의 장벽은 사람이 만들었을 때에만 생겨나요. 가능성이 살아 숨 쉬도록 도와주셔서 감사합니다.

애슐리 리버티 Ashley Liberty, 14세

강연장 무대 위로 걸어 나오면서 나는 마치 바다처럼 펼쳐진 사람들의 얼굴을 보았다. 나는 '이 사람들이 바로 내 손에 쥐고 있는 편지에 묘사된 사람들이구나' 하고 생각했다. 나는 강연 중 학생들이 쓴 편지를 읽어주고 NASA에 그것을 전달했다. 얼마 지나지 않아 프로젝트 매니저로부터 편지를 한 통 받았다. 그는 그날 강연이 회사 분위기를 살리는 데 큰 도움이 되었다고 했다. 그리고 많은 직원이 처음 입사했을 때 가졌던 마음가짐을 회복했다고 덧붙였다. 그는 다음과 같이 적었다.

재능이 넘치는 학생들의 멋진 편지에 NASA 전 직원은 큰 감동을 받았습니다. 학생들은 NASA의 존재 이유를 아름다운 말로 되새겨 주었어요. 우리가 이제껏 표현할 수 없었던 방식으로 소통해 주었습니다. 우리는 편지를 복사했고, 그 메시지에 가슴이 벅차올랐습니다.
우리는 너무 감동을 받은 나머지 답장을 보내기로 결정했습니다. 동봉된 편지는 개인적인 감사 편지입니다. 편지를 읽다 보면 평소에 볼 수 없었던 NASA의 따뜻하고 감성적인 면을 느낄 수 있을 겁니다. 사실 이런 면이 우리가 하는 일의 진짜 이유이자 핵심이죠.

이 편지를 국제우주정거장International Space Station 담당 관리자에게 보여주었더니 미래 우주 미션에 편지 내용을 포함하기로 결정했답니다. 그 사실을 부디 학생들에게 알려주세요. 우주정거장 초기 건설자와 주민을 위해 제작된 CD에 학생들의 편지가 실릴 겁니다. 학생들의 말은 우리 탐험가들에게 계속해서 영감을 심어줄 겁니다. 특히 아주 오랜 시간 우주에서 고립된 채 생활하면서 큰 도전에 직면한 분들에게 힘이 될 겁니다. 우리에게 깊은 영감을 주신 것에 관해 NASA 전 직원을 대표하여 감사의 말씀을 전합니다.

진심을 담아, 에드 호프먼 Ed Hoffman,

NASA 본부 프로그램·프로젝트 총괄 매니저

NASA는 정말로 학생들의 편지를 우주에 보냈다. 그 편지에 담긴 말과 열망은 국제우주정거장에 실려 지금 지구를 돌고 있다. NASA 직원의 답장 중 몇 개를 추려보았다.

우리 NASA 직원의 노력에 관해 여러분이 보여주신 성원에 무척 감사합니다. 가슴이 뭉클합니다. 우주 비행에 드는 천문학적인 비용에 관해 많은 의견을 듣습니다. 대부분은 긍정적인 말이 아니죠. 긍정적인 부분을 지적해 주신 여러분의 방식에 우리는 눈물이 났습니다.

여기에 있어야 할 이유를 다시 상기해 주셔서 감사합니다. 꼭 기억하겠습니다. "우리는 오늘 여기에 늪을 건너려고 왔다. 악어와 싸우려고 온 게 아니다." 감사합니다.

아름다운 말로 우리의 우주 탐험을 응원해 주신 여러분께 감사드립니다. 여러분의 시와 같은 말은 우리의 원대한 목표를 다시금 일깨워 주었어요. 소리의 탐험가이자 미래의 주인인 여러분이 한 말은 특히 의미가 깊습니다. 우리는 저마다의 방식으로 과거와 현재, 미래를 보다 심오하게 이해하려고 노력합니다. 여러분의 소리가 별들에 닿기를 소원합니다.

가능성의 틀을 마련하려면 직관에 반하는 연습을 해야 한다. 눈에 보이는 증거가 아닌 우리를 지배하는 맥락을 보아야 한다는 뜻이다. 이 연습을 하면 살면서 직면하는 새로운 위험에 기민하게 반응할 수 있다. 우리를 보이지 않는 정의와 가정, 틀로 몰래 휘감아 미궁 속으로 빠뜨리고, 원치 않는 환경을 만드는 위험

말이다.

하지만 우리가 지닌 마법과도 같은 힘을 보라! 우리는 말의 힘을 빌려 의식적으로 가능성을 새롭게 정의할 수 있다. 그렇게 하다 보면 아무런 거리낌 없이 기여하는, 언제든지 열린 마음으로 참여하는 사람이 될 것이다. 이게 진정한 우리의 모습이지 않겠는가?

여기에 진짜 리더가 있다. 그는 가능성의 틀을 짜고, 우리 자신을 다시 정의할 새로운 방법을 제시했다. 넬슨 만델라는 메리앤 윌리엄슨Marianne Williamson의 말을 인용하여 이렇게 말했다고 한다.

> 우리가 진짜 두려워하는 건 우리의 부족함이 아닙니다.
> 우리의 가장 깊은 두려움은
> 우리가 측정할 수 없을 만큼 강하다는 데에 있습니다.
> 우리를 가장 두렵게 하는 것은
> 우리 안에 있는 어둠이 아니라 빛입니다.
> 우리 자신에게 묻습니다.
> 나는 빛나고, 아름답고, 재능 있는 존재가 될 수 있을까?
> 그렇게 되지 않을 이유는 또 뭔가요?
>
> 우리는 신의 자녀입니다.
> 작은 역할로는 세상에 도움이 되지 않습니다.

다른 사람을 위한답시고
자신을 축소하는 것은 지혜가 아닙니다.
우리는 우리 안에 있는 신의 영광을 펼치려고 태어났습니다.
신의 영광은 몇몇 사람에게만 있는 게 아니라
우리 모두에게 있습니다.
우리가 빛나면, 우리도 모르는 사이에
다른 사람도 똑같이 빛나게 될 겁니다.[11]

---

11 Marianne Williamson, *A Return to Love* (New York: HarperCollins, 1992). Formatting has been changed.

12장

'우리' 이야기 말하기

벤저민: 비자가 만료되어 미국에서의 첫 체류 기간이 끝나갈 때쯤 나는 학생들을 데리고 영국으로 돌아가 1년 동안 음악 공부를 같이 할 프로그램을 기획했다. 각 학생이 속한 학교의 교장은 1년간 학생들의 학점을 인정해 주기로 했다. 나는 런던 햄프스테드 히스 근처에 집을 구한 후 음악과 미술, 철학, 문학을 포함하여 1년 교육 과정을 마련했다. 매주 학자를 초대하여 학생들이 직접 마련한 저녁을 먹으며 해당 분야에 관한 이야기를 들었다.

한번은 아버지를 초대했다. 아버지는 사회 갈등에 관해 사색하고 글을 쓰는 데 평생을 바쳤다. 특히 유대인과 아랍인 갈등 문제의 전문가였다. 학생들이 특별히 신경 써서 준비한 저녁 식사를 함께하면서 아버지는 유대인 역사의 전반을 아브라함^{Abraham}의 시절부터 설명했다. 아버지는 이야기에 열정을 쏟아붓고, 성서의 이야기부터 중세 시대, 예술과 과학의 업적, 흩어진 유대인들의 이야기, 홀로코스트의 비극까지 언급했다. 아버지가 전체 역사를 훑었던 이유는 작은 땅덩어리에 불과했던 1947년의 팔레스타인을 조망하기 위해서였다. 1947년은 팔레스타인 지역이 아랍 국가와 유대 국가로 나뉘어 유대인에게 조국이 생긴 해였다.

아버지는 아랍인의 역사를 빠르게 훑어주었다. 아버지는 유대인뿐 아니라 아랍인의 조상으로도 알려진 아브라함부터 다시 시작했다. 아라비아 과학과 학문, 알렉산드리아에 있었던 장엄한 도서관, 위대한 예술 업적까지 언급했다. 태피스트리(여러 색실로 그림을 짜 넣은 직물. 또는 그런 직물을 제작하는 기술 - 옮긴이)와 건축물, 음악과 문학, 『아라비안나이트$^{Tales\ of\ the\ Arabian\ Nights}$』 이야기까지 해주었다. 무엇보다 아랍인의 유명한 예절에 관해 이야기했다.

가장 놀라웠던 것은 아버지가 똑같은 열정으로 유대인과 아랍인에 관해 이야기했다는 점이다. 4,000년에 걸친 거대한 아랍 역사를 1947년의 팔레스타인까지 끌고 왔을 때 학생 중 한 명이 외쳤다.

"어쩜, 정말 멋진 기회네요! 두 민족이 같은 땅과 역사를 공유하다니! 이건 정말 특권이군요."

만약 이 학생이 느꼈던 감정이 1947년 이후 중동의 아랍인과 유대인의 관계를 이끄는 원동력이 되었다면 어떤 일이 일어났을지 상상해 보라.

대개 역사는 '우리'와 '그들' 사이 갈등의 기록이다. 이런 양상은 광범위하게 나타난다. 국가 대 국가, 정당 대 정당, 노동자 대 관리자, 그리고 우리 삶의 가장 친숙한 영역에까지 갈등은 다양한 모습으로 나타난다. 자원과 영토, 진실에 관해 타협할 수 없는 그들. 우리가 변하려면 무엇이 토대가 되어야 할까? 견고한 적대적 자세를 버리고 열정적이고 배려 깊은 자세를 가지려면 어떻게 해야 하는가?

먼저 나와 너 그리고 타인과의 통합Togetherness을 '우리WE'라고 부르겠다. '우리'는 이해 당사자가 누구든 모두에게 적용될 수 있다. 시적으로 표현하자면 지구촌 사람을 관통하는 하나의 멜로디로 생각해 볼 수도 있다. 개별 음이 모여 하나의 음악을 이루는 장면, 각각의 붓 터치를 멀리서 보면 비로소 인상파 그림 전체가 드러나는 장면, 아이가 태어나고 가족이 형성되는 장면을 떠올리면 '우리'를 이해하기 쉽다. 두려움과 경쟁, 분쟁을 제쳐둘 때 '우리'가 등장하고 그때부터 진짜 역사가 된다.

'우리'라는 개념에서 인간은 특정 방식으로 정의된다. 인간은 기여하고, 참여하며, 타인과 함께 춤추며 영원히 어울려 사는 존재다. '우리'라는 개념에서 말하는 인간은 개인보다는 관계에 초점을 맞춘다. 개별 대상이나 주체보다는 움직임에, 개별 몸짓이 아니라 소통 패턴에 초점을 맞춘다. 이분법적인 삶이 아닌, 중간 지대에서 삶의 가치를 드러낸다. 빛이 입자와 파동적 특성을 모두 지니는 것처럼 '우리'는 살아 있는 개체인 동시에 오랜 세월 이어져 내려온 발전의 계보가 된다. 새로운 존재인 '우리'는 우리가 찾을 때만 그 모습을 드러낸다. 무리가 있는 곳에는 어디든지 필수로 존재하고, 이야기 속 주인공이 되어 함께 전진하며, 그 자체로 생명력을 지닌다.

'우리'라는 개념에서 개인은 이 새롭고 포괄적 개체인 '우리'를 위한 물길이 된다. 이 개체는 눈과 귀가 있고, 마음을 느끼며, 생각을 하고, 공동체를 위해 무엇이 최선인지 고민한다. 이 실천을 통해 얻을 수 있는 리더십은 타인과 경쟁하고 전투해서 얻을 수 있는 게 아니다. 모든 사람을 대변하고 함께 가능성을 이루고자 하는 용기에서 리더십이 나온다. '우리'의 실천 단계는 다음과 같다.

1. '우리'라는 개념을 만들어라. '우리'가 만드는 이야기는 보이지 않는 실로 연결된 우리 모두의 이야기이자 가능성의 이야기이다.
2. '우리'에 집중하고, 어떻게 '우리'를 이룰 수 있을지 찾아라.

3. 물어보라.

"'우리'는 뭘 원하지(우리가 공동으로 원하는 것은 무엇인가)?"

"'우리'에게 최선은 뭘까(우리 모두에게 무엇이 최선이겠는가)?"

"'우리'의 다음 단계는 뭘까(이제 다음 단계로 무엇을 해야 하나)?"

'우리'의 연금술

로저먼드: 조현병에 걸린 아동이나 자폐 아동을 위한 치료 시설은 '우리'를 형성할 수 없을 것만 같은 곳이다. 하지만 1960년대 말, 뉴욕에 있는 어느 치료 기관에서 나는 분명하게 그 상황을 목격했다. 내가 맡은 환자 빅토리아 내시Victoria Nash는 독특하고 감수성이 뛰어난 아홉 살 소녀였다. 빅토리아는 무언가를 흉내 내는 자세를 취하고 누군가가 정답을 맞힐 때까지 몇 시간이고 버티는 아이였다. 한번은 소설의 삽화대로 한 발로 빙그르르 돌기에 나는 "오, 너는 지젤Giselle이구나. 지금 슬픈가 보네!"라고 말했다.

"가게로 가거라!"

빅토리아는 먼 곳을 응시하며 거만하게 말했다.

"가게에 가서 내가 원하는 것을 사 오도록!"

나는 지그시 웃음을 참으며 고개를 숙였다.

"네, 폐하."

그러고는 빅토리아에게 잠시 기다리라고 하고 밖으로 나가 도로 건너편 가게로 갔다. 나는 어느새 그 게임을 즐기고 있었다. 사실 그때 적절하게 처신한 나 자신이 내심 자랑스러웠다. 잘하면 치료사로서 빅토리아와의 관계가 단단해질 것 같았다. 나는 가게 선반을 자세히 살폈다. 빅토리아가 뭘 원할까? 읽을 만한 것? 아니야. 달콤한 것? 불량 식품을 좋아할 것 같지는 않았다. 그 순간 소고기스튜 통조림이 눈에 들어왔다. 냉장 식품 코너에서 탄산음료와 주스를 둘러보고는 다시 통조림 쪽으로 돌아왔다. 나는 조금 전 보았던 소고기스튜 통조림을 골랐다.

푸른 양탄자와 하얀 커튼이 드리운 방에서 빅토리아는 고개를 꼿꼿이 들고 포즈를 취한 채 내가 들고 있는 종이 가방을 바라보았다. 그때 나는 갑자기 깨달았다.

'이 아이가 나에게 자비를 베푸는구나. 빅토리아는 '우리'를 창조하려고 해. 빅토리아에게는 그런 힘이 있어. 그리고 이것은 빅토리아의 게임이야. 내 선물 고르는 능력이 중요한 게 아니야. 우리가 함께하는 게 중요한 거야.'

나는 전체를 보았고, 내가 치료사로서의 역할에 관심을 두는 동안 우리가 연결되고 있었다는 사실을 깨달았다. 우리는 우리의 서사가 탄생하는 중요한 지점에 와 있었다. 빅토리아는 우리가 누구인지 선언하려고 했다. 우리가 함께할 것인지 멀어질 것인지를 결정하려 했다. 나는 용기를 내어 빅토리아를 대면했다. 빅토리아도 용기를 내 나를 대면했다. 빅토리아는 종이 가방을 조심스레 열어보고 통조림을 꺼냈다.

"오, 스톤 양Miss Stone."

빅토리아는 이렇게 말하며 안도의 표정을 지었다.

"어떻게 알았어요? 난 정확히 이걸 원했어요."

빅토리아는 '우리'의 이야기를 만들어 가는 것을 선택했다. 우리가 서로 연결되기로 결정한 것이다. 사실 빅토리아는 내 선택에 실망을 표할 수도 있었다. 이것은 계속되는 선택의 문제다. 애인이 연락을 소홀히 하거나, 동료가 우리를 실망시키거나, 누군가가 우리를 억압하거나 할 때, 함께 만들어 가는 '우리'의 이야기를 선택할지, 그냥 '타인'의 이야기를 선택할지는 우리에게 달려 있다.

우리는 보통 대명사 '우리'를 '당신+나'로 이해한다. 따라서 "우리 뭘 할까요?", "우리에게 무엇이 도움이 될까요?"처럼 질문을 하는 이유는 상대가 원하는 것과 내가 원하는 것 사이에서 타협을 하려고 하기 때문이다. 이 질문에는 '사람은 계속해서 욕망하는 개별적 존재'라는 가정이 깔려 있다. 이 가정을 따르는 경우, 어떤 사람이 이기면 다른 사람은 지기 때문에 모두가 원하는 것은 가질 수 없게 된다. 이러한 경쟁은 일부 진실을 숨긴 채 우리의 위치를 과장하도록 부추기고, 공격적이고 방어적인 자세를 갖도록 강요한다. 따라서 우리는 모두 자신의 몫을 지키기 위해 성급하게 최후통첩을 날리게 된다.

우리는 '우리'를 실천하여 다른 전제로 갈등에 접근할 수 있다. 이 전제는 우리가 가진 어떠한 욕망도 고정되어 있지 않는다고, 즉 늘 변한다고 가정한다. 동시에 우리가 느끼고 생각하는 모든 것이 대화 속에 드러난다.

다음은 '나와 너I/YOU' 접근법과 '우리' 접근법의 차이가 잘 드러나는 예이다. 일단 '나와 너' 접근법부터 살펴보자.

> "급여를 인상해 주세요. 아니면 일을 그만두겠습니다"라고 직원이 말했다. 상사는 남에게 책임을 전가하거나 직원을 달래려 한다. 혹은 거짓말을 하거나 직원에게 결정을 미루게 한다.

'나와 너' 접근법을 '우리' 접근법과 비교해 보라. '우리' 접근법에서는 '우리'라는 개체가 나와 너 사이에 있는 중간적 존재로서 계속 진화하고 움직인다고 가정한다. '우리'라는 단어를 사용하기만 해도 문제의 방향을 바꿀 수 있다.

> "제가 하는 일에 모두가 만족하고 있어요. 우리의 충성심은 상호적입니다. 하지만 제가 받는 급여로는 제 삶의 임무를 다

할 수 없습니다. 우리가 정말 원하는 것은 뭘까요? 어떻게 하면 우리가 모든 일을 효과적으로 처리할 수 있을까요?"

다음은 또 다른 '나와 너' 접근법의 예시다.

"그 여자를 네 인생에서 치워버려. 그러지 않으면 이 결혼을 끝낼 거야."
남편은 아내에게 거짓말을 하거나 아내를 달래려 한다. 아니면 아내의 마음을 돌리려고 노력하며 시간을 더 달라고 한다.

이번에는 '우리' 접근법을 살펴보자.

"나는 이 상황이 무척 고통스러워. 당신도 그럴 거라고 생각해. 너무 화나서 무엇을 해야 할지 모르겠어. 나는 당신을 사랑해. 우리가 정말 원하는 것은 무엇일까? 우리에게 최선은 무엇일까?"

우리는 '우리'의 실천을 통해 타인을 나의 부분으로 볼 수 있다. 갈등을 해결하는 전통적인 방식인 '나와 너' 접근법은 오히려 상대방과 나의 불일치 수준을 높인다. 원하는 바를 확장할 방법을 제시하지 않고 사람들을 이분법적으로 나누려고만 하기 때문이다. '나와 너' 접근법은 누구도 배제하지 않으려는 더 큰 바람을 품지 못하게 한다. 이 접근법으로는 우리가 진정으로 원하는 '우리' 이야기에 다가설 수 없다. 꿈과 비전을 통해 다른 사람과 연결될 기회 자체를 앗아가 버린다.

반면 '우리'를 실천하면 삶의 모든 면을 개선할 수 있다. 물론 위험 요소도 있다. '우리'의 실천은 확실한 결론에 도달하게 하는 기술이 아니라 다음 단계로 전진하게 하는 통합적인 과정이다. 이를 실천하기 위해서는 변화를 추구하면 반드시 도움이 될 것이라고 확신해야 한다. 그다음부터 벌어지는 일은 개인이 통제하려 하지 않아도 '우리'라는 공동의 자아에서 자발적으로 일어난다.

잃어버린 것을 찾다

로저먼드: 어머니가 돌아가시고 한동안 우리 자매는 서로를 더 경계했다. 우리 중 누구도 그 이유를 알지 못했지만 나는 이 문제를 내 성격대로, 적극적으로 해결하는 데 열중했다. 반면 논쟁을 잘하지 못했던 언니는 주로 사태를 멀리서 관망하는 편이었다. 언니가 나와 거리를 두는 동안 나는 차에 탈 때마다 만석의 재판장에서 발표하는 사람처럼 최대한 논리적으로 언니를 설득

하는 연습을 했다.

　내 생일이 되었다. 하지만 여전히 우리는 함께할 수 없었다. 나는 심한 압박감을 느꼈다. 마침내 나 자신에게 물었다.
　"무슨 일이 일어나고 있는 거지?"
　중립적인 위치에서 사태를 바라보았다. 내가 언니를 설득하는 데 소비했던 모든 에너지가 오히려 우리를 더 멀어지게 만들었다. 갑자기 언니가 보고 싶어졌다. 몹시도. 언니를 다시 만나면 해결책을 찾을 수 있을 것 같았다. 그래서 나는 전화를 걸었고, 언니는 아침 식사에 나를 초대했다. 나는 새벽같이 일어나 언니가 있는 집으로 갔다. 집에 도착하자 내가 세상에서 제일 좋아하는 언니가 부엌에 서 있었다.
　우리는 즐겁게 수다를 떨면서 커피를 마셨다. 그러고 나서 나뭇잎이 수북이 쌓인 흙길을 오래 산책하며 오전을 보냈다. 그러는 동안 언니의 갈색 반려견은 앞서 달리다가 돌아오고, 다시 달리다가 돌아오기를 끊임없이 반복했다.
　우리가 무슨 이야기를 했던가? 우리는 건축 양식과 시골 지역, 언니가 좋아했던 농장 고양이 등에 관해 이야기를 나눴다. 유쾌했던 어머니와 함께 보냈던 장면을 다시 떠올렸다. 나의 일과 언니가 발표하려는 논문에 관해 이야기했다. 그때 나는 우리의 문제가 떠오르지 않았다. 숲속 어딘가에 버리고 온 게 분명했다. 왜냐하면 그날 다시 차에 탔을 때 내가 해명해야 할 사건 목록에서 우리의 문제는 없었기 때문이었다.

그렇다면 문제는 해결되었나? 전혀 해결되지 않았다. 언니와의 문제는 풀리지 않았고, 여전히 나를 아프게 했지만 그것은 더는 문제가 아니었다. 우리는 팔을 움직이며 함께 걷고, 아침 햇살을 받으며 유쾌한 시간을 보냈다. 그 순간에 우리 자매 사이에 장벽이란 존재하지 않았다. 나는 우리의 차이를 쉽게 인정할 수 있을 것 같았다.

언니와 나의 차이는 개인과 국가가 직면한 적개심에 비하면 일시적인 문제에 불과하다. 분노와 두려움, 불평등을 그대로 둔다면 적개심은 더 심화될 것이다. 이때 문제를 제쳐두는 것은 다른 차원의 문제가 된다. 절망과 분노가 정점에 올랐을 때는 서로를 통찰할 수 있는 새로운 돌파구가 필요하다.

인간의 적은 인간이 아니다

심리 치료 시간에 헤어지기 직전인 어느 부부가 찾아왔다. 그들이 소통하는 방식을 보니 문제가 심각해 보였다. 애초부터 심리 치료를 거부했던 남편은 최대한 멀리, 치료실의 구석 쪽으로 가 앉았다. 물론 몇 미터 떨어지지 않은 거리였지만 말이다. 남편은 평소에도 이와 비슷하게 행동하며 아내를 자주 외롭게 했다.

아내는 습관적으로 물러나 있는 남편에게 분노했다. 긴장감이 형성되자 아내는 남편에게 부탁을 하더니 이내 비난을 하며 말 그대로 울부짖었다.

"당신은 나를 사랑하지 않아!"

그때 나도 모르게 이렇게 말해버렸다.

"이렇게 행동하는 데 누가 당신을 사랑하겠어요?"

그 순간 그들의 싸움에 내가 휘말렸다는 사실을 깨달았다. 그들이 느꼈을 감정은 차치하고 나 스스로 두려움을 느꼈다. 나는 아내로부터 한 걸음 정도 떨어진 곳에서 일어나 가장 비치료적인 방식으로 말하고 있었다. 그야말로 선로를 이탈해 버렸다. 그때 내가 아주 잘 아는, 개인적으로 친밀한 관계를 유지하던 여자의 얼굴이 눈에 들어왔다. 두려움을 느낀 찰나 나는 여자와 눈이 마주쳤고 갑자기 여자의 중심 자아가 보였다.

나는 무심결에 이렇게 말했다.

"제가 방금 말한 대상은 당신이 아니라 당신의 복수심이었어요. 복수심이 당신의 목소리를 빌어 말하고 있었죠. 복수심은 생명체와 같아서 당신을 조종해요. 그리고 무슨 일이 있어도 남편을 붙잡으려 하죠. 당신을 파괴해서라도 그렇게 하려 할 겁니다."

서로를 마음의 눈으로 바라보자 여자를 조종하던 복수심이 정체를 드러냈다.

나는 기적처럼 화가 가라앉았고 덫에서 빠져나와 여자와의 유대감도 회복했다. 상황이 새로운 양상을 띠었다. 우리 중 여자가 가장 힘들었을 거라는 생각이 들었다. 여자는 제정신을 유지하기 위해서 자기가 한 난폭한 행동들을 남편의 탓으로 돌리는 악순환을 계속했다. 그러는 동안 복수심이라는 생명체는 승리를 자축했다. 이 복수심은 어린 시절 여자에게서 떨어져 나와 생명체가 되었으며, 그 이후로 조금도 변하지 않았다는 사실이 분명했다. 물론 이것은 비유다.

남편은 구석에서 나와 아내 옆에 섰다. 문제가 점점 선명해지기 시작했다.

"복수심은 자신이 발견되기를 원하지 않아요. 지금도 당신을 이용해서 남편을 붙잡으려고 숨을 곳을 찾고 있어요."

그러자 아내가 남편을 쳐다보며 말했다.

"선생님 말씀이 맞아요. 저는 제 행동이 싫어요!"

남편은 아내의 목소리 톤을 듣고 무엇이 문제였는지 완전히 이해했다. 아내는 하소연하듯이 이 마음을 없애려면 어떻게 해야 하는지 물었다.

나는 복수심을 완전히 없앨 수는 없을 것이라고 단호하게 말했다. 비록 내가 복수심 전문가일지라도 어려운 일이라고 했다. 하지만 특정 감정의 실체를 파악하게 된 시점부터 어떻게 행동해야 하는지는 정확히 알고 있었다. 만약 아내가 복수심을 인정하지 않는다면 복수심은 다시 힘을 얻을 것이고, 반대로 아내가 복수심을 솔직하게 인정하면 그 감정은 힘을 잃을 것이었다.

"계속 그 이름을 불러주세요. 복수심이 교묘하게 숨어 있다고 생각하면서 이 생명체에게 지금 뭘 하고 있느냐며 스스로 질문하세요."

복수심을 생명체로 비유했던 것은 반은 사실이지만 반은 만들어진 허상이다. 우리는 이런 비유를 통해 서로 간 장벽을 허물고 그 자리에 연민을 채워 넣었다. 아내의 행동이 아무리 나빴어도 그건 문제가 아니었다. 사람들 사이에 진심만 있다면 모든 게 가능하다. 만약 우리가 복수심과 탐욕, 자존심, 두려움, 정죄하려는 마음을 알아차리고 악을 구별할 수 있다면, 그리고 동시에 희망을 본다면 함께 가능성을 향해 나아갈 수 있다. 우리는 우리 자신을 제한할 필요도, 타협할 필요도 없다. 부정적인 마음의 실체를 알아차리면 새로운 창조의 힘이 생겨난다. 우리는 이 창조의 힘으로 서로를 진심으로 위할 수 있게 된다. 인간의 적은 인간이 아니다.

테러야말로 오늘날 복수심의 최종 산물이라 할 수 있다. 테러는 지역 사회를 파괴하고 신뢰를 무너뜨린다. 겉으로 봤을 때 피할 수 없을 것 같은 이런 상황 속에서 어떻게 '우리'가 될 수 있을까? 테러리스트가 자행한 폭력에서 '우리'는 얼마나 강력한 힘을 발휘할까?

'우리'를 실천하려면 '우리'의 이야기를 만드는 것부터 시작해야 한다. 우선 사람마다 고유한 중심 자아가 있으며, 우리 사회는 통합을 추구해야 하고, 물리쳐야 할 적은 인간이 아니라는 사실을 명심해야 한다. 자신이 속한 집단이 억압하는 게 있다면 솔직하게 표현하도록 장려한다. 중요한 건 이를 풀어야 할 문제가 아니라 하나의 '표현'으로 접근하는 것이다. 또한 '우리'를 실천하는 사람은 구성원이 말하고 싶은 것을 다 표현할 때까지 그와 계속 소통해야 한다. 오랜 시간 이 틀을 유지하며 지속적으로 질문해야 한다.

"'우리'에게 최선은 뭘까?"

많은 목소리가 있다.

"저 테러리스트는 끔찍한 범죄를 저질렀으니 죽어 마땅해."
– "더 많은 폭력을 낳는 일이야."

"저런 부류의 사람은 사회로부터 단절시켜야 해."
– "그럼 우리는 회복할 수 있을까?"

"어떻게 해야 테러가 다시는 일어나지 않을까?"
"남은 가족은 어떻게 해야 하지?"
– "분노는 분노를 낳아."

"두려움이 우리 사회를 움켜쥐고 있어."

"아이들은 어쩌지?"

"어떻게 해서 이렇게 된 거야?"

"우리는 여기에서 무슨 일이 일어나길 바라지?"

'우리' 이야기는 곧 이 사람 저 사람을 통과하면서 퍼지기 시작한다. 폭력에 맞서기 위해 사회의 힘을 더 키우고 싶다면 테러리스트뿐 아니라 가족과 이웃 그리고 보안군과 정부까지 논의에 포함해야 한다. 이 일에 관한 테러리스트의 입장도 들어보고, 사회 차원에서 그와 무엇을 해야 하는지도 들어봐야 한다. 그 사람도 결국 '우리'의 일부이기 때문이다.

심.포.니.아

로저먼드와 벤저민: 다보스 세계경제포럼 The World Economic Forum in Davos에서 만난 지인의 통 큰 초대로 우리는 로저먼드의 딸과 함께 남아프리카 공화국을 방문했다. 눈부신 자연 경관과 생명의 다양성에 감탄하면서 우리는 한 가지 매우 놀라운 점에 주목했다. 어디를 가든 사람들은 남아프리카 공화국에 관해 이야기했다. 케이프타운에서 정부 장관들을 만나도, 요하네스버그의

예술가들 또는 프리토리아의 사업가와 소웨토의 음악 선생님을 만나도 모든 대화는 남아프리카 공화국에 관한 이야기로 이어졌다. 그러니까 우리는 거기에서 만나는 모든 사람과 남아프리카 공화국에 관해 이야기했다. 남아프리카 공화국은 모든 목소리가 하나로 합쳐지는, 한마디로 심포니아Symphonia('교향곡'을 뜻하는 '심포니'의 어원-옮긴이)의 화신이었다. 그러니까 국가 전체가 살아 숨 쉬는 하나의 존재였다.

우리는 로저먼드의 딸인 알렉산드라Alexandra와 같은 이름을 한 병원을 방문했다. 알렉산드라는 말했다.

"이곳 사람들은 아무것도 숨기지 않았어요. 놀라웠어요. 이곳에서는 모든 사회 문제가 정면으로 드러나요. 판자촌의 생활 여건과 삶의 불균형이 얼마나 심각한지 눈으로 직접 볼 수 있었어요. 다 드러나 있거든요. 하지만 이것이 사람들이 원하는 삶의 방식이 아니라고 생각하니 마음이 놓였어요. 신기한 건 모든 사람이 이 상황을 바꾸려고 노력하고, 이 사실을 모두가 아는 것 같았다는 점이었어요. 이곳 사람들은 특정 집단과 문제를 동일시하지 않아요. 문제는 개인의 것이 아니라 사회 전체의 것이에요. 하나였던 뼈가 조각나 버린 상황과 같지요. 이 모든 사회의 분위기가 진실과화해위원회The Truth and Reconciliation Commission의 활동과 관련 있는지 궁금해졌어요."

진실과화해위원회

넬슨 만델라가 이끈 포스트 아파르트헤이트Post-Apartheid 정부 (1994년 인종 차별 정책인 아파르트헤이트가 폐지된 이후 출범한 남아프리카 공화국의 민주 정부-옮긴이)는 오랫동안 잔인한 폭력에 시달리다가 벗어난 모든 국가가 경험하는 딜레마에 직면했다. 상처로 가득한 사회에 증오를 증폭시키는 가해자들에게 어떤 태도를 취해야 하나? 국가를 치유하기 위해서는 어떤 정책을 채택해야 하나?

정부는 사회 곳곳을 통합할 기틀을 마련하고, 대주교 데즈먼드 투투Desmond Tutu를 담당 위원장으로 임명했다. 진실과화해위원회는 가해자들이 공개적으로 진실을 밝히고 정치적인 동기로 폭력을 행했다는 사실을 인정하면 그들을 사면해 주겠다고 제안했다. 만약 개인이 위원회 앞에 나타나기를 거부한다면 그들은 재판에 응해야 했다. 남아프리카 공화국 헌법에는 '이해는 필요하지만 복수는 필요 없고, 보상은 필요하지만 보복은 필요 없으며, 형제애는 필요하지만 희생자화Victimization는 필요 없다'라는 진실과화해위원회의 비전이 명시되어 있다.[12]

---

12 Anthony Sampson, Mandela: *The Authorized Biography* (New York: Knopf, 1999), 521.

만델라 정부는 진실과화해위원회를 설립함으로써 위험 부담을 안은 것처럼 보였다. 모든 잔혹 행위 후에는 그것에 걸맞은 정의를 행해야 하지 않을까? 그러지 않으면 사람들이 스스로 법을 집행하려 하지 않겠는가? 그러나 진실과화해위원회는 다른 이야기에 그 기초를 두고 있었던 것처럼 보인다. 그 이야기란 사람의 중심 자아는 본질적으로 연결을 갈망하고, 장벽을 허물고, 서로를 지지하는 사회 구조를 원한다는 것이다. 또 사람이 자신의 모든 것을 드러내고, 있는 그대로의 현실을 받아들일 수 있는 능력을 확장할 때 사회는 자연스럽게 진화하여 통합된다고 내다본 것 같다. 진실과화해위원회는 가능성의 틀로서 위의 역할을 수행했다. 그리고 그 결과는 언제나 그렇듯 예측할 수 없었다.

많은 사람이 상상했던 것보다 더 많은 진실이 드러났다. 진실과화해위원회의 절차에 따라 진실들이 단계적으로 밝혀졌다. 이야기가 하나씩 등장하자 희생자와 가해자를 양분했던 이분법적 정의가 변하고 새로운 패턴이 형성되었다. 우리가 남아프리카공화국을 방문했을 때 보았던 것은 서로를 더 깊이 이해하려고 하고, 그 바탕에 깔린 유대감, 서로 연결되고자 하는 의지가 아니었을까. 그곳에서는 가해자가 폭력을 가한 당사자의 가족 앞에서 자신이 저지른 행동을 설명하며 울음을 터뜨리는 장면을 심심치 않게 볼 수 있었다.

어느 젊은 여성은 경찰관이 자신의 어머니를 어떻게 죽였는지를 듣고 나서 깨달았다.

"진실과화해위원회는 정의를 이루기 위한 단체가 절대 아니에요. 단지 진실을 추구하는 단체입니다."[13]

진실은 우리 모두의 모든 것이었다. 위원회는 복수의 충동을 물리치고 적을 인간으로, 즉 우리를 하나로 이끄는 사회 변혁을 위한 기틀을 만들었다.

"진실과화해위원회는 우리가 과거에서 벗어나 현재와 미래에 집중할 수 있도록 도와주었습니다."[14]

만델라의 말대로 남아프리카 공화국은 다음 단계를 향해 자유롭게 나아갈 수 있었다.

비전은 때때로 변하지만 '우리'는 가능성이라는 긴 흐름 속에서 요동치는 맥박처럼 변함없이 움직인다. 이 책의 마지막 연습이자 책 전체에서 말하고자 하는 것은 '나'에서 '우리'로 나아가는 것이다. 개인은 '우리'를 나누는 장벽을 무너뜨리고, 끊임없이 진화하는 '우리'의 합창 속 특별한 목소리가 될 수 있다. 때와 장소, 지위와 상관없이 이 연습을 할 수 있다. '우리'가 되는 연습은 이때까지 했던 모든 연습과 긴밀하게 연결되어 있다. 그리고 당

---

[13] Gillian Slovo, *Guardian*, 11 October 1998, quoted in Sampson, *Mandela*, 521.
[14] Sampson, *Mandela*, 524.

신이 귀를 기울이면 각각이 조화를 이루는 가운데 거대한 '우리'의 노래를 들을 수 있을 것이다.

로자리오에서

벤저민: 뉴잉글랜드 음악원 유스 필하모닉 오케스트라와 칠레 투어 공연을 하고 있을 때였다. 우리는 오후에 녹음을 하고 그날 저녁에 공연을 하기로 되어 있었다. 나는 아침에 리허설을 진행하지 않는 편이 낫겠다고 생각했다. 하지만 그렇다고 어린 연주자들을 마음대로 풀어놓으면 체력이 소진되지 않을까 걱정이 되었다. 그래서 호텔 리셉션 룸에 전 단원을 모았다. 나는 단원들에게 파트보를 가지고 오도록 요청한 후 함께 음악을 살펴보려고 했다. 무언가를 가르치기보다는 공연에 관한 피드백을 나누려고 했다. 특히 곡의 해석에 관해 물어보았다. 연주자들은 마치 내가 물어보기를 기다렸다는 듯 훌륭한 답변을 쏟아냈다. 굳이 내가 나설 필요가 없었다. 약 세 시간 동안 절반 정도가 자신의 의견을 나누었다. 단원들은 자신의 파트에만 국한해서 해석을 내놓지 않았다. 한 트럼펫 연주자는 비올라 파트에 관한 통찰을 나누었고, 목관 악기 연주자는 자신이 직접 연주할 것처럼 튜바 파트에 관해 논의했다. 나는 이들의 지휘자가 된 것이 자랑스러웠다.

며칠 후 아르헨티나를 지나던 중 여러 사건 사고로 버스 이동 시간이 열두 시간에서 열일곱 시간으로 늘어났다. 우리는 전날 세계적으로 유명한 산티아고의 시립극장Teatro Communale에서 공연을 마친 뒤 부에노스아이레스의 콜론 극장Teatro Colon으로 이동하던 중이었으며, 가는 길에 몇몇 작은 마을에서도 공연을 하기로 되어 있었다. 버스 이동 시간이 길었지만 단원들은 단 한 명도 불평하지 않았다. 하지만 피로한 나머지 작은 마을이었던 로자리오에서의 공연이 흐지부지되지 않을까 걱정했다.

단원들에게 과할 정도로 익숙해져 버린 드보르자크의 〈신세계로부터From the New World〉를 어떻게 하면 새롭게 연습할 수 있을지 방법을 찾던 중 단원들에게 자리를 옮기라고 했다. 되도록 익숙하지 않은 악기 옆에 앉아보라고 했다. 그래서 제1바이올리니스트 한 명은 팀파니 옆으로, 오보이스트는 비올라 사이에, 호른 연주자는 첼로 사이에 자리를 잡았다. 더블베이스 연주자 중 한 명은 콘서트마스터와 나 사이에 왔다. 자신이 속한 파트 자리에서는 들을 수 없었던 소리와 질감을 느끼게 하는 것이 목적이었다.

그리고 매일 하던 대로 글을 하나 크게 읽어주고 단원들에게 생각할 거리를 내어주었다. 그날 주제는 '한쪽 문이 닫히면 다른 쪽 문이 열린다'였다. 나는 단원들에게 완전히 눈이 보이지 않는다고 상상하라고 했다. 단원들은 눈을 감은 채 드보르자크의 곡을 연주하기 시작했다. 잠시 후, 단원들은 연주를 멈추었다. 눈을 감으니 수개월 동안 갈고닦아 만들어 낸 유연하고 자유로운 연주를 하기가 어려웠다. 눈에 보이는 리더가 없으니 박자도 경직되었다.

"눈이라는 문이 닫히면 어떤 문이 열릴 것 같나요?"

"귀의 문이요."

몇몇 단원이 바로 대답했다. 우리는 다시 연주를 시작했다.

단원들이 연주하는 동안 나는 홀 뒤편으로 걸어갔다. 나는 그들이 만들어 내는 새로운 종류의 음악에 완전히 놀랐다. 그들의 연주는 새벽녘 동틀 무렵의 새로운 풍경처럼 다가왔다. 88명의 음악가는 기억이 아니라 가슴으로 드보르자크의 〈신세계로부터〉 1악장을 연주하고 있었다. 평범한 오케스트라에서는 거의 볼 수 없는, 절묘한 타이밍에 들어가 연주하는 유연함과 자유로움이 들렸다. 그 자리에 방문했던 로자리오의 몇몇 선생님과 학생은 울고 있었다. 그들은 나와 마찬가지로 무대와 공연장을 가득 메우던 유대감과 처음 접하는 신선하고 진실된 목소리에 감동하고 있었다.

나는 한껏 들뜬 마음으로 다시 무대에 올라 단원들에게 말했다. 기적적으로 시야를 회복했지만 여전히 들리지 않는 신세계에 발을 담그고 있다고 상상하라고 말이다. 그러고는 다시 한번 드보르자크의 작품을 연주하게 했다. 이번에는 모두가 눈을 뜬 채로 이 미묘한 차이를 귀로 들었다. 그 순간, 그렇게 찾고자 했던, 영혼이 화합하여 하나가 되는 경험을 했다. 그 자리에는 이끌어 주는 사람도 따르는 사람도 없었다. 그저 하모니, 조화로움만이 존재했다. 그 시간은 이번 여행의 최절정의 순간이었을 뿐 아니라 그해 최고의 순간이었다. 주요 공연 사이에 잠시 방문했던 작은 마을에서 벌어진 일이었다. 다른 공연에서 이보다 중요한 순간이 올 것 같지 않았다.

저는 이제 위대한 일과 원대한 계획, 훌륭한 기관과 큰 성공에는 관심이 없습니다. 저는 사람 사이에 작용하는 자애로운 기운의 힘을 믿습니다. 이 힘은 비록 사소한 듯하여 눈에는 보이지 않지만 멀리 뻗어가는 뿌리처럼, 수분을 천천히 내보내는 모세관처럼 세상의 틈 사이사이를 흘러 다닙니다. 이 힘은 시간만 있다면 인간의 자부심이 담긴 가장 견고한 유적까지도 무너뜨릴 수 있습니다.

윌리엄 제임스 William James

에필로그

'나'에서 '우리'로

　지극히 현실적인 문제의 해결책을 찾고자 이 책을 펼친 사람도 있을 테고, 우연히 이 책을 접한 사람도 있을 것이다. 책을 읽다 보면 얼마 되지 않아 우리가 문제의 해결책을 제시하려고 이 책을 쓴 것이 아니라는 사실을 깨달을 것이다. 그렇다고 대충 읽고 넘기라는 의도로 이 책을 만든 것도 아니다. 우리는 당신에게 변화의 도구를 제공하는 데 초점을 두었다.

　그렇다면 이 책은 무엇을 다루는가? 이 책은 삶의 시험대에 오른 사람에서 삶의 새 무대를 계획하는 사람으로, 하나의 음에서 긴 호흡의 음악으로, 부분에서 전체로, '나'에서 '우리'로의 변화를 담고 있다.

　그렇다면 어떻게 '우리'에 도달할 것인가? 웅장한 무대에 오른 여러 음악가가 이구동성으로 가리키는 길, 바로 연습을 통해서다. 당신을 온전히 표현할 수 있는 연습을 선택하라. 연습은 당신이 길에서 벗어나지 않도록 지켜줄 것이다. 당신은 당신만의 방식으로 세상에 기여하는 존재가 될 것이며, 주위 환경이 퍼붓는 공격에서 벗어나 자신이 들려주는 음악에 귀를 기울일 수 있을 것이다. 그러고 나서 사람들을 연결하는 연결체로 세상에 나아갈 것이다.

우리가 들려주는 이야기를 다 읽으면 세상에 관한 당신만의 새로운 그림이 어느 정도 완성될 것이다. 그러면 이제 어른이 된다는 말의 의미가 상당히 다르게 와닿을 것이다. 어쩌면 '예술가'라는 말이 떠오를 수도 있다. 삶은 곧 이야기이며, 예술가는 자신의 손으로 직접 삶을 창조할 수 있다는 확신을 가진다. 바로 당신처럼 말이다. 또 예술가란 협조적인 우주 속에서 한쪽 엉덩이로 춤을 추는 어른, 즉 가능성을 위한 물길이 기꺼이 되고자 하는 존재라는 뜻이기도 하다.

어릴 때는 누구나 어른이 되면 달콤한 자유와 힘을 누리게 될 거라 꿈꾸지 않는가? 그 꿈을 떠올려 보라. 사는 동안 어떤 식으로든 그 꿈은 사라져 버렸을 것이고, 우리는 일이 잘 풀리거나, 활기찬 모임에 나가거나, 아니면 가끔 휴가를 보낼 때에만 겨우 에너지를 얻었다. 그렇지 않은가? 이제 우리는 모든 것은 만들어진 것에 불과하다는 것을 안다. 이야기를 다시 고쳐보자. 그냥 이렇게 말해보자. 삶의 여정 속 어딘가에서 너무 많은 짐에 버거워했고, 많이 미끄러졌고, 머릿속에 무수히 많은 목소리가 들렸으며, 길을 벗어나 방황하기도 했다. 그뿐이다. 어릴 때 분명하게 보았던 가능성은 미궁 속에서 자취를 감춘 지 오래고 태어날 때 품었던 약속과 꿈을 잊은 지도 오래다.

하지만 이 얼마나 멋진가!

주위를 둘러보라. 문득 당신의 삶에 등장하는 사람들, 아기의 울음, 예정된 미팅 등 이 모든 것이 좋거나 나쁜 게 아니란 깨달음이 올 것이다. 이들은 그 자체로 찬란하게 빛나는 존재일 뿐이다. 그러니 깨어나 회복하자! 다시 소생한 꿈을 향해.

감사의 말

　로저먼드: 편집자 캐럴 린 앨퍼트Carol Lynn Alpert 덕분에 책을 잘 구성할 수 있었다. 캐럴 린 덕에 다양하고 흔하지 않은 요소를 한데 엮어 하나의 선율을 만들어 냈다. 벤저민이 직접 세상에 나가 회사 관리자, 오케스트라 단원, 학생들을 만나서 새로운 실천을 하는 동안 캐럴 린은 나와 함께 여러 목소리와 이야기, 단어와 문장부호를 조직하는 등 책의 후반부 작업에 매진해 주었다. 캐럴 린은 강한 책임감과 지성, 넘치는 유머 감각과 신선한 상상력으로 작업에 임했다. 캐럴 린은 내가 살고 있던 사각형 밖 협력 관계의 가능성에 눈을 뜨게 해주었다. 캐럴 린 덕분에 행복하게도 나는 다시는 예전과 같지 않을 것이다.
　우리는 비크람 사브카르의 깊이 있는 접근 방식을 소중히 여긴다. 우리 글에 관한 비크람의 지적인 의견과 건초더미에서 바늘을 찾아내는 것 같은 문헌 탐색 능력이 무척 도움이 되었다.

우리는 매우 다양한 배경에서 우리의 작업을 발전시켰다. 벤저민이 음악가이자 재능 있는 교육자, 무엇보다 영감을 주는 커뮤니케이터로서 발전한 데에는 어머니 그레텔 잰더Gretel Zander의 공이 크다. 그레텔은 활기찬 데다 공동체적 마인드의 소유자로 장애물을 장애물로 보지 않는 분이었다. 그레텔은 아홉 살 난 아들의 음악 작품이 부정적인 평가를 받았을 때 굴하지 않고 즉시 영국의 주요 작곡가 벤저민 브리튼Benjamin Briten에게 보냈다. 그 덕분에 벤저민은 벤저민 브리튼과 이머전 홀스트Imogen Holst 그리고 스페인의 위대한 첼리스트 가스파르 카사도로부터 가르침을 받을 수 있었다. 어린 벤저민이 마에스트로 카사도에게 수업료로 얼마를 지불해야 하는지 물었을 때, 카사도는 사양하며 이렇게 말했다고 한다.

"내 수업의 가치를 매긴다면, 네가 절대로 지불하지 못할 액수일 거다."

그러고는 단 한 푼도 받지 않고 벤저민을 5년 동안 가르쳤다. 벤저민은 그때 배운 관용 정신을 계승하여 말 그대로 수백 명의 학생을 가르치고 그들에게 장학금을 마련해 주고 있다. 또 벤저민은 음악을 매개체로 삼아 수천 명의 사람에게 가능성을 전하고 있다. 그중에는 회사 리더도 있고, 회계사와 의사, 어린 학생, 세라와 같은 노년층의 사람도 포함되어 있다. 벤저민은 항상 양방향으로 참여한다. 자신이 전한 가능성의 불꽃이 다른 사람의 손에서 타오르는 모습을 보며 감화를 받는다. 벤저민은 이 모든 사람에게 감사를 표한다.

나도 상상력과 문학적 재능이 뛰어난 어머니 루시 스톤Lucy Stone으로부터 많은 영향을 받았다. 이런 문학적 배경 덕에 구성주의나 서사 치료가 인기를 얻기 훨씬 전부터 이 이론과 치료법을 선호하게 되었다. 또 우연성Contingency의 대가 어빙 고프먼Erving Goffman과 『실재의 사회적 구성Social Construction of Reality』을 쓴 피터 버거Peter Berger와 같은 사상가 및 작가들이 나의 상상력과 가치관 변화에 큰 역할을 했다. 1980년대 초에 본 움베르토 마투라나Humberto Maturana의 연구에 관한 단편 영화 덕에 인간의 인식에 관한 관점도 바꾸었으며, 가족 체계 치료 분야의 멘토였던 데이비드 캔터David Kantor 박사는 내게 처음에는 보이지 않았던 상호작용의 세계를 밝혀주었고, 정체성 형성의 새로운 가능성을 제시해 주었다.

이 책은 랜드마크 에듀케이션Landmark Education과 페르난도 플로레스Fernando Flores, 콘테그리티Contegrity 그룹의 가르침과 결을 같이한다. 특히 세상을 경험하는 방식을 바꾸는 데 필요한 '다르게 보는 훈련'과 그 영향력을 강조해 온 랜드마크 에듀케이션에 깊이 감사드린다.

이 책을 기획하는 데 도움을 준 딸 알렉산드라에게도 감사의 말을 전한다. 알렉산드라의 헌신 덕에 우리는 우리의 목소리를 잘 표현할 수 있었다. 그리고 아들 에번Evan에게도 감사한다. 자아를 보는 대안적 관점을 제시해 주어서 6장을 잘 만들 수 있었다.

줄리엣Juliet과 우르스 고샤트Urs Gauchat에게도 감사를 표한다. 이들은 프로젝트가 진행되는 동안 따뜻한 지원을 아끼지 않았으며, 책을 만드는 과정에서 신경 써야 했던 사람들과 관계의 중심을 잘 잡을 수 있도록 도와주었다.

또 오랜 친구 앤 페레츠Anne Peretz에게 감사를 표한다. 앤은 우리에게 어려운 순간이 올 때마다 이야기를 진심으로 들어주었고, 연례 회화 여행을 포기하면서까지 이 책의 비전 성취를 위해 헌신해 주었다. 그리고 초안을 열정적으로 지지하며 독자의 관점에서 조언을 아끼지 않은 평생 친구 수전 문Susan Moon과 주디 너선슨Judy Nathanson에게도 감사하다.

이 책이 모양을 갖추는 데 협력해 준 이들도 있다. 바로 자신과 타인의 삶을 향상시키기 위해 적극적으로 치료에 참여해 주었던 사람들이다. 규정상 이름을 밝힐 수는 없다. 하지만 언젠가는 심리 치료가 개인의 실패를 치료하는 행위가 아닌 개인의 기여 능력을 높이는 행위로써 정의되는 시대가 올 것이다.

이 외에 도움을 주신 켄트 라인백Kent Lineback, 마이클 모스톨러Michael Mostoller, 존 데쿠에바스John Decuevas, 앤토니아 루덴스타인Antonia Rudenstine, 크리스토퍼 윌킨스Christopher Wilkins, 키라 에이어스Kira Ayers 그리고 제러미 트렐스테드Jeremy Trelsted에게 감사의 말씀을 전한다.

이 책을 만드는 데 도움을 준 장소가 있다. 메인주 바이날헤이븐 섬의 여름 텐트, 보딘 에임스Bodine Ames 씨가 제공해 주었던 항구를 내려다보는 소방서 건물 그리고 매사추세츠주 덕스버리 보존 구역 위 오두막이다. 이곳 연못과 숲 그리고 바쁜 중에도 와서 물과 전기를 공급해 주었던 모든 분께 감사하다.

마지막으로, 활기와 웃음을 가득 안고 우리에게 다가온 편집장 마저리 윌리엄스Majorie Williams와 디렉터 캐럴 프랑코Carol Franco에게 엄청난 감사를 표한다. 이분들과 함께 우리의 전체 프로젝트가 구체적인 모양새를 갖추게 도와준 하버드 비즈니스 스쿨 출판사 관계자분들께도 진심으로 감사의 인사를 전한다.

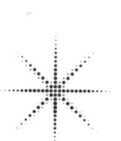

옮긴이 강정선
영어 교육학과 영어학을 전공했고, 바른번역 소속 번역가로 활동하고 있다.
옮긴 책으로 『아주 세속적인 지혜』가 있다.

당신의 가능성에 대하여

초판 1쇄 발행 2025년 11월 24일

지은이 벤저민 잰더·로저먼드 잰더
옮긴이 강정선
펴낸이 김선준, 김동환

편집이사 서선행
책임편집 송병규 **편집4팀** 이은애, 서윤아
마케팅팀 권두리, 이진규, 신동빈
홍보팀 조아란, 장태수, 이은정, 권희, 박미정, 조문정, 이건희, 박지훈, 송수연, 김수빈
표지 디자인 엄재선
본문 디자인 외주 STUDIO 보글
경영관리 송현주, 윤이경, 임해랑, 정수연

펴낸곳 페이지2북스
출판등록 2019년 4월 25일 제2019-000129호
주소 서울시 영등포구 여의대로 108 파크원타워1, 28층
전화 070) 4203-7755 **팩스** 070) 4170-4865
이메일 page2books@naver.com
종이 월드페이퍼 **인쇄·제본** 한영문화사

ISBN 979-11-6985-163-3 (03190)

- 책값은 뒤표지에 있습니다.
- 파본은 구입하신 서점에서 교환해 드립니다.
- 이 책은 저작권법에 의하여 보호를 받는 저작물이므로 무단 전재와 복제를 금합니다.